Ensinar e Aprender no Ensino Superior

Por uma epistemologia da curiosidade na formação universitária

3ª edição

Coleção AcadeMack, 13

UNIVERSIDADE PRESBITERIANA MACKENZIE
REITOR Benedito Guimarães Aguiar Neto
VICE-REITOR Marcel Mendes

COORDENADORIA DE PUBLICAÇÕES ACADÊMICAS
COORDENADORA Helena Bonito Couto Pereira

EDITORA DA UNIVERSIDADE PRESBITERIANA MACKENZIE
CONSELHO EDITORIAL Helena Bonito Couto Pereira (Presidente)
José Francisco Siqueira Neto
Leila Figueiredo de Miranda
Luciano Silva
Maria Cristina Triguero Veloz Teixeira
Maria Lucia Marcondes Carvalho Vasconcelos
Moises Ari Zilber
Valter Luís Caldana Júnior
Wilson do Amaral Filho

Ensinar e Aprender no Ensino Superior

Por uma epistemologia da curiosidade na formação universitária

3ª edição

António Teodoro
Maria Lucia Vasconcelos
ORGANIZADORES

José B. Duarte
Marcos T. Masetto
Óscar C. de Sousa

 Universidade Presbiteriana Mackenzie

© 2012 António Teodoro e Maria Lucia Vasconcelos.

Todos os direitos reservados à Universidade Presbiteriana Mackenzie e à Cortez Editora. Nenhuma parte desta publicação poderá ser reproduzida por qualquer meio ou forma sem a prévia autorização da Universidade Presbiteriana Mackenzie.

COORDENAÇÃO EDITORIAL Joana Figueiredo
PROJETO DE CAPA E MIOLO Estação Design
DIAGRAMAÇÃO Estação Design
PREPARAÇÃO DE TEXTO Carlos Villarruel
REVISÃO Temas e Variações Editoriais

Dados Internacionais de Catalogação na Publicação (CIP)
(Câmara Brasileira do Livro, SP, Brasil)

Ensinar e aprender no ensino superior : por uma
epistemologia da curiosidade na formação
universitária / António Teodoro, Maria Lucia
Marcondes Carvalho Vasconcelos,
(organizadores). -- 3. ed. -- São Paulo :
Universidade Presbiteriana Mackenzie:
Cortez, 2012. -- (Coleção academack ; v. 13)
ISBN 978-85-249-1995-4 (Cortez Editora)
ISBN 978-85-7916-134-6 (Universidade Presbiteriana Mackenzie)

Vários autores.
1. Aprendizagem 2. Ensino 3. Ensino superior
I. Teodoro, António. II. Vasconcelos, Maria Lucia
Marcondes Carvalho. III. Título: Por uma
epistemologia da curiosidade na formação
universitária. IV. Série.

12-07140   CDD-378.001

Índices para catálogo sistemático:
1. Ensino superior : Filosofia e teoria 378.001

UNIVERSIDADE
PRESBITERIANA MACKENZIE
Rua da Consolação, 930
Edifício João Calvino, 7º andar
São Paulo – SP – CEP: 01302-907
Tel.: (5511) 2114-8774/2114-8785
editora@mackenzie.com.br
www. editora.mackenzie.br

CORTEZ EDITORA
Rua Monte Alegre, 1074
São Paulo – SP – CEP: 05014-001
Tel.: (5511) 3864-0111
Fax (5511) 3864-4290
cortez@cortezeditora.com.br
www.cortezeditora.com.br

Como adquirir os livros:
Livraria Mackenzie
Campus Higienópolis
Rua Itambé, 45 – Prédio 19 – loja 1
São Paulo – SP – CEP 01239-001
Tel.: (5511) 2766-7027

Livraria Cortez
Rua Bartira, 317
São Paulo – SP – CEP: 05009-000
Tel.: (5511) 3873-7111
www.livrariacortez.com.br

SUMÁRIO

Apresentação
ANTÓNIO TEODORO e
MARIA LUCIA VASCONCELOS
7

1
Ensino superior: tendências e desafios
no caso português
ANTÓNIO TEODORO
13

2
Aprender e ensinar: significados e mediações
ÓSCAR C. DE SOUSA
35

3
Docência e autoridade no ensino superior:
uma introdução ao debate
MARIA LUCIA VASCONCELOS
61

4
Docência universitária: repensando a aula
MARCOS T. MASETTO
79

5
Participação ou tédio na universidade:
um modelo crítico *versus* um modelo dogmático
JOSÉ B. DUARTE
107

Índice
123

APRESENTAÇÃO

Os sistemas de educação não constituem os únicos espaços de formação e de produção de conhecimento. Entretanto, desde a construção dos modernos sistemas de educação de massas, iniciada na Europa, na transição do século XVIII para o XIX, a escola se tornou um espaço central de integração social e de formação para o trabalho. Num tempo histórico relativamente curto, a educação, de um obscuro domínio da vida familiar, tornou-se tema central nos debates políticos, em âmbitos nacional e internacional.

A massificação dos sistemas de educação tem promovido uma mudança de forma da escola. Escolarizar todos os jovens implica ter na escola todos os jovens com dificuldades sociais ou de aprendizagem, todos os jovens conflituosos e agressivos, todos os jovens de todas as culturas marginalizadas. Significa transportar para a escola a grande maioria dos problemas sociais, que, desse modo, tornam-se problemas escolares.

A *escola para todos* é uma conquista social dos ideais democráticos modernos, e ao abrir as suas portas a novos públicos escolares – não apenas no ensino primário, como o fez no passado, mas agora no ensino secundário ou médio e, progressiva mas aceleradamente, no ensino superior –, tornou-se uma realidade qualitativamente distinta. Todavia, os decisores políticos, os professores, os estudantes e as suas famílias, e a opinião pública em geral têm uma manifesta dificuldade em entender essa nova escola e lidar com ela.

A escola para todos vive uma dupla crise: de *regulação*, porque, em muitas situações, não cumpre o seu papel como agente de integração social; e de *emancipação*, porque não produz a mobilidade social aguardada por diversas camadas sociais para quem a frequência de um curso constituía a melhor ferramenta que podiam legar aos seus filhos. Tomar consciência dessa realidade implica que não se possa continuar a debater e a equacionar os problemas dos sistemas de educação de hoje, nomeadamente nos seus graus superiores, como se eles fossem frequentados apenas por uma elite social, cultural e econômica. Realizar esse corte com o passado de uma escola seletiva e de elite talvez seja o melhor contributo que aqueles que têm responsabilidades na formação de uma opinião pública esclarecida possa dar ao necessário aprofundamento do debate sobre os problemas da educação.

O modelo de escola de massas atual foi construído na base do princípio de *ensinar a muitos como se fosse a um só*. Durante anos e anos, professores e autoridades escolares procuraram encontrar os mais eficazes métodos de ensino e as melhores formas de organização, elegendo formas padronizadas de atuação: os métodos didáticos centrados em objetivos a serem alcançados por um *mítico aluno médio*, as formas padronizadas de organização do tempo e do espaço escolares, os programas nacionais, a taylorização do conhecimento, as formas de avaliação centradas em exames externos aplicados uniformemente.

Mas pode a escola ser outra coisa? Pode a escola respeitar a diferença, continuando a bater-se pela igualdade?

Se entendermos que a construção da cidadania se faz na dialética entre a igualdade e a diferença – temos direito a ser iguais quando a diferença nos inferioriza, temos direito a ser diferentes quando a igualdade nos descaracteriza –, também a escola (tendencialmente) para todos, frequentada por jovens provenientes de todos os meios sociais e culturais, precisa encontrar os meios e as estratégias de valorização dos percursos e das experiências de vida dos alunos, abandonando, definitivamente, a ideia mirífica de um aluno padrão, sobre a qual todas as estratégias organizacionais e didáticas têm, até agora, sido construídas.

Essas têm sido preocupações até há pouco restringidas aos ensinos de base, secundário ou médio. Mas a explosão da frequência no ensino superior, trazendo novos públicos à universidade, faz também com que esse setor do sistema de educação não fique imune a problemáticas e preocupações como as que são abordadas em *Ensinar e aprender no ensino superior: por uma epistemologia da curiosidade na formação universitária*.

Como todas as obras coletivas, este livro tem também uma história. É um dos resultados de uma rica e frutuosa cooperação universitária luso-brasileira entre a Universidade Presbiteriana Mackenzie, de São Paulo, e a Universidade Lusófona de Humanidades e Tecnologias, de Lisboa. Na sua gênese, está a realização de um curso de capacitação pedagógica para docentes universitários realizado em Lisboa, na Universidade Lusófona, que contou com a participação de professores brasileiros que têm dedicado parte da sua atividade acadêmica a questionar os modos da docência universitária. As versões escritas dos seus contributos nesse curso estão aqui reunidas e disponibilizadas para um público mais amplo, tanto de docentes quanto de estudantes, preocupados com a qualidade da formação universitária.

O primeiro texto, de António Teodoro, "Ensino superior: tendências e desafios no caso português", apresenta inicialmente um esboço de periodização da "rápida e dramática" expansão do ensino superior em Portugal nos últimos trinta anos, num contexto de profundas mudanças sociais e econômicas verificadas no decurso de uma renegociação do lugar desse pequeno país europeu (e ibérico) no sistema mundial, para finalmente indicar um conjunto de seis problemáticas que constituem outros tantos desafios à decisão nesse campo das políticas públicas.

O segundo contributo, "Aprender e ensinar: significados e mediações", de Óscar C. de Sousa, convida o leitor a entrar, de uma forma esclarecida, "no mundo maravilhoso da aprendizagem e do desenvolvimento", apresentando de forma acessível, mas rigorosa, algumas teorias sobre aprendizagem. Sousa lembra:

> As aprendizagens que hoje são propostas [...] são formulações de descobertas, relatos e elaborações que levaram anos para constituírem-se como corpo de conhecimentos.

E assim desafia o professor a ser um mediador entre a comunidade, os saberes e o aluno.

No terceiro texto, "Docência e autoridade no ensino superior: uma introdução ao debate", Maria Lucia Vasconcelos, depois de detalhar o conceito de *autoridade* e situá-lo, desafia o docente universitário a construir a sua autoridade na sala de aula com base no diálogo:

O diálogo permite a oposição de ideias, mas que, por isso mesmo, estabelece uma comunicação efetiva, em que alunos e docente têm o mesmo direito à iniciativa, à dúvida, à contraposição de argumentos; em que, juntos, constroem o trabalho educacional e juntos aprendem.

Marcos T. Masetto, em "Docência universitária: repensando a aula", procura responder à seguinte questão: "nestes tempos, qual é o novo papel dos professores universitários [...]?". No texto, o autor propõe um novo conceito de *sala de aula universitária:*

> [...] espaço e tempo durante em que os sujeitos de um processo de aprendizagem (professor e alunos) se encontram para, juntos, realizarem uma série de ações (na verdade, interações) [...] –

e apresenta um conjunto de técnicas simples capazes de dinamizar o trabalho de ensino e de aprendizagem na universidade.

O quinto e último texto, de José B. Duarte, intitula-se "Participação ou tédio na universidade: um modelo crítico *versus* um modelo dogmático". O autor, com base em uma obra clássica de Marcel Lesne sobre os *modos de trabalho pedagógico*, insiste num modelo de parceria entre professor e estudantes, em que o papel do professor é, sobretudo, o de mediador, que exerce, em todas as situações, uma atitude crítica ante o saber e a sociedade.

As comunidades acadêmicas constroem-se no debate e na interação científica. Este livro, agora em sua terceira edição, que nasceu de uma iniciativa conjunta de duas universidades, constitui uma pequena demonstração das imensas potencialidades de cooperação na construção de uma comunidade solidária de povos e países de língua portuguesa.

António Teodoro e Maria Lucia Vasconcelos

1
ENSINO SUPERIOR:
tendências e desafios no caso português

ANTÓNIO TEODORO*

Portugal encontra-se numa situação paradoxal. Fruto de um contexto sócio-histórico bem marcado, apresenta, por um lado, um assinalável "atraso" quanto à generalização da escola para todos, com as inevitáveis consequências nos indicadores educativos que normalmente o colocam num dos últimos lugares das comparações internacionais, e, por outro, profundas e rápidas transformações no último quartel do século XX, que o podem tornar um espaço de experimentação incontornável quando se procuram novos caminhos para a educação e a formação.

De fato, Portugal apresentava, em 1960, uma taxa de analfabetismo de 34%, enquanto trinta anos antes, em 1930, esta se situava em 62% e, em 1900, em pleno início do século XX, nos esma-

---

* Doutor em Ciências da Educação pela Universidade Nova de Lisboa (UNL). Diretor do Instituto de Educação da Universidade Lusófona de Humanidades e Tecnologias (ULHT), em Lisboa.

gadores 74%. Essa persistente presença do analfabetismo, como indicador privilegiado do atraso da generalização da escolaridade primária, só é compreensível se examinada sua longa duração histórica e permite compreender os muitos fracos resultados que o país apresenta quando se analisa a distribuição da população portuguesa por níveis de literacia ou a distribuição da população ativa por níveis de qualificação escolar e profissional.

O ensino superior refletiu esse tardio desenvolvimento da educação associado ao propósito, mantido até muito tarde, de reservar esse nível de formação às elites sociais e econômicas como instrumento privilegiado de reprodução social. No ano letivo de 1960-1961, frequentavam na totalidade do ensino superior 24.179 estudantes (dos quais, 19.552 cursavam universidades), o que correspondia a uma insignificante taxa de escolarização de 1,64%, no grupo etário dos 18-19 anos, e de 1,63%, no grupo dos 20-24 anos[1].

Quase no final do século xx, no ano letivo de 1997-1998, frequentavam o conjunto de estabelecimentos de ensino superior públicos e privados, do ensino universitário ou do ensino politécnico 351.784 estudantes (14,6 vezes mais que em 1960-1961), o que correspondia a uma taxa de escolarização de 37,8% no grupo etário dos 18-24 anos[2]. Tal expansão da frequência de ensino superior representou, no dizer da Direção para a Educação, Emprego, Trabalho e Assuntos Sociais da Organização para Cooperação e Desenvolvimento Econômico (OCDE), referindo-se particularmente ao período de 1985-1995, a "mais rápida e dramática" de todos os países dessa organização internacional (ORGANISATION FOR ECONOMIC CO-OPERATION AND DEVELOPMENT, 1998, p. 7).

[1] Dados extraídos do Ministério do Educação e Investigação Científica (1975).
[2] Dados extraídos do Ministério do Educação (2000).

Um esforço de compreensão para essa "rápida e dramática" expansão do ensino superior implica, necessariamente, um olhar retrospectivo sobre as mudanças econômicas, sociais e políticas ocorridas em Portugal nas últimas décadas, bem como sobre o lugar da educação nos debates e nas decisões tomadas no âmbito das políticas públicas desse período crucial da história recente do país.

O DESAFIO EUROPEU OU UMA RENEGOCIAÇÃO DO LUGAR DE PORTUGAL NO SISTEMA MUNDIAL

Desde os anos 1960, Portugal iniciou um processo de renegociação da sua inserção no sistema mundial. A mudança da economia para o espaço europeu, a Revolução de abril de 1974, o fim do ciclo do império, o processo de integração na Comunidade Econômica Europeia (hoje União Europeia), desde 1976 e, presentemente, a participação na primeira fase da união econômica e monetária representam múltiplos sinais de uma intenção assumida no sentido de rever a antiga posição de Portugal no sistema mundial. Essa mudança estratégica na situação portuguesa teve profundas implicações nas políticas públicas de educação.

Apesar das resistências do regime de Salazar, a sociedade portuguesa do pós-Segunda Guerra Mundial foi sofrendo, nos planos demográfico, do reordenamento do território e da estrutura da população ativa, um conjunto de mudanças invisíveis que, rapidamente, lhe foram mudando a face. Embora os anos de mudança na política educativa possam ser encontrados nos anos 1950, com a implementação da reforma do ensino técnico e do Plano de Educação Popular, e, nos anos 1960, com a participação no Projeto Regional do Mediterrâneo, seria, contudo, na década de 1970, com a *Reforma Veiga Simão*, que a educação assumiria um lugar central no processo de recomposição do Estado e nos debates sobre a modernização e o desenvolvimento do país. Seguramente por se situar nesse lugar central, a educação, entendida como política pública, cedo mostrou o completo esgotamento da ação renovadora do último presidente do Conselho (e do ministro da Educação) do Estado Novo, bem como o completo esgotamento dessa forma política, em crescente contradição com as aspirações sociais e a inserção de uma economia progressivamente direcionada para o espaço europeu.

Se no plano mundial, a ruptura iniciada com a Revolução de 1974, pode ter aberto caminho à "terceira vaga de democratização" no mundo moderno, à qual se refere Huntington (1991), isso significou, no plano nacional, a tentativa de superação da dupla crise de legitimidade e de hegemonia que, desde o final dos anos 1960, atravessavam profundamente o Estado e a sociedade portuguesa. A mobilização social permitida pela revolução tornou possível dar passos de gigante na afirmação dos direitos de cidadania, levando à construção de um Estado-Providência que, embora incipiente em face da dimensão alcançada por essa forma de Estado nos países centrais da Europa, só foi possível por uma desvinculação das políticas sociais das exigências da acumulação, durante o curto período de crise revolucionária, de 1974 a 1975.

No campo específico das políticas de educação, a revolução permitiu uma nova centralidade para os problemas educativos, remobilizando as aspirações de acesso aos diferentes níveis de escolarização, amplificado no início dos anos 1970 pelo discurso meritocrático do último ministro da Educação do Estado Novo, e abrindo novas frentes nos planos da participação na gestão escolar e na reformulação das estruturas e dos conteúdos de ensino. Nesse período de crise revolucionária, a educação – para além de um aceso palco de lutas políticas – tornou-se um campo privilegiado de legitimação da nova situação democrática, apostada em mostrar uma radical mudança perante as anteriores políticas obscurantistas do Estado Novo. Se nos primeiros momentos após o movimento militar se pensou em prosseguir a reforma educativa tal como tinha sido delineada na Lei nº 5/73, cedo se caminhou para a tentativa de formular um programa que, no campo da educação, respondesse ao propósito, então largamente majoritário no âmbito do discurso político, de construir uma sociedade *a caminho do socialismo*.

Normalizada a revolução – pela transposição para o interior do Estado dos impasses na construção de uma hegemonia social e política, que antes se verificava no seu exterior, nas organizações sociais e no Movimento das Forças Armadas (MFA) –, a educação manteve um estatuto de centralidade nas políticas públicas, embora com uma mudança de eixo prioritário. Assumida a integração na Europa comunitária como motor exógeno de desenvolvimento do país, o discurso sobre a prioridade educativa passou a privilegiar a questão do papel do sistema escolar na qualificação de mão de obra, associado à afirmação da urgência em realizar uma reforma educativa global que desse coerência ao sistema de ensino e respondesse às necessidades que o sistema econômico, nessa fase de integração europeia, atribuía à educação. A referência dominante na condução das políticas educativas de finais dos anos 1970, dos anos 1980 e da primeira metade dos anos 1990 situou-se, então, no plano da ideologia da modernização, congruente com essa forma de "Estado-como-imaginação-do-centro" que tem dominado o processo de integração europeia[3].

---

[3] A caracterização é de Boaventura de Sousa Santos (1993).

QUATRO PERÍODOS MARCANTES NA CONSTRUÇÃO DE UM ENSINO SUPERIOR DE MASSAS

Com o risco inerente a todos os intuitos de sistematização e de periodização, houve, em Portugal, quatro fases ou períodos de políticas de ensino superior nas últimas três décadas do século XX:

- 1970-1974: a regionalização e modernização do ensino universitário e o primeiro esboço de diversificação institucional.
- 1974-1976: a intenção de abrir as universidades às classes trabalhadoras e aos seus filhos.
- 1976-1985: a construção de um modelo institucional binário.
- 1985-1995: a explosão da oferta privada de ensino superior.

A situação do ensino superior, no início dos anos 1970, pode ser caracterizada pela aparente contradição: uma acentuada seletividade social no acesso estudantil (NUNES, 19--) e um crescimento de 3,6 vezes em apenas doze anos, sem contrapartida quanto a instalações e corpo docente preparado[4]. A resposta a essa situação já tinha sido esboçada no final dos anos 1960, mas sem efeitos práticos. Coube a Veiga Simão, o último dos ministros da Educação do Estado Novo, iniciar o processo de modernização, que está na gênese da atual organização do ensino superior português.

Partilhando a opinião de um conjunto de jovens professores universitários que consideravam muito difícil, se não impossível, a reforma *por dentro* das universidades existentes[5], Veiga

---

[4] Em 1960-1961, a população estudantil universitária portuguesa era apenas de 7.038 estudantes, enquanto, em 1972-1973, a frequência universitária subiu para 25.607 (MINISTÉRIO DA EDUCAÇÃO E INVESTIGAÇÃO CIENTÍFICA, 1975).

[5] Ver, por exemplo, as entrevistas de Veiga Simão, Fraústo da Silva e Alberto Ralha em António Teodoro (2001).

Simão iria aplicar uma estratégia de mudança que, conduzindo a uma alteração da relação de forças internas nas universidades, lhe permitisse, numa primeira fase, a reforma de algumas das principais instituições e, numa segunda fase, um programa consistente de expansão e diversificação do ensino superior.

Com base em estudos anteriormente desenvolvidos no âmbito do Gabinete de Estudos e Planeamento da Acção Educativa (Gepae), Veiga Simão procedeu rapidamente à revisão do estatuto da carreira docente universitária, com o propósito de valorizar o componente de investigação e criar condições para a dedicação exclusiva à atividade docente e de investigação, ao alargamento de quadros e à abertura de concursos para os lugares de topo da carreira universitária, à publicação de legislação destinada a reconhecer os doutoramentos obtidos no estrangeiro e ao lançamento de um vasto programa de bolsas de doutoramento em universidades estrangeiras, com destaque para as dos países anglo-saxônicos. Simultaneamente, onde havia condições institucionais para tal, procedeu-se a uma modernização de diversos cursos universitários, como foi o caso paradigmático do Instituto Superior Técnico, uma das escolas de Lisboa que maiores conflitos atravessara na crise estudantil de 1968-1969.

Numa segunda fase, a estratégia de Veiga Simão lançou, com o apoio técnico da OCDE, o projeto de expansão e diversificação do ensino superior, de forma a responder ao acréscimo de procura estudantil, o que incluía a criação de novas universidades e de novas instituições de ensino superior, institutos politécnicos e escolas normais superiores.

A preparação desse projeto constituiu, possivelmente, o mais importante exercício de planejamento já concretizado em Portugal no campo educativo. Assente numa pequena equipe constituída no âmbito do Gepae, foram realizados diversos estudos, conjugando os âmbitos nacional e regional, sobre as demandas estudantis, as capacidades de atração e acolhimento das principais cidades e sobre as necessidades econômicas previsíveis do país, determinadas segundo um modelo expressamente elaborado para o efeito e tomando a Holanda como referência. Seria com base nesses estudos, e depois de muitas pressões de natureza política e regional, que o plano de expansão e diversificação do ensino superior, aprovado pelo Decreto-lei nº 402/73, de 11 de agosto, contemplaria a criação de três novas universidades e de um instituto universitário – de Lisboa, de Aveiro, e do Minho, e o Instituto Universitário de Évora –, de seis novos institutos politécnicos criados de raiz – de Covilhã, Faro, Leiria, Setúbal, Tomar e Vila Real –, de quatro outros institutos politécnicos resultantes da reconversão de estabelecimentos existentes – de Coimbra, Lisboa, Porto e Santarém –, e de nove escolas normais superiores – em Beja, Bragança, Castelo Branco, Funchal, Guarda, Lisboa, Ponta Delgada, Portalegre e Viseu.

A ação política de Veiga Simão decorreu num período áureo de "procura otimista de educação"[6], manifestada numa enorme pressão sobre a frequência de educação secundária e, em menor medida mas já bem presente, de educação superior. Essa ação representou, inquestionavelmente, um período de mobilização de vontades e de predisposições que colocou o ensino superior no centro dos debates sobre o desenvolvimento e a modernização do país. Mas significou também, pelos seus limites e pelas suas contradições, o tornar bem visível o completo esgotamento da forma política organizativa do Estado Novo.

---

[6] O conceito é de Sérgio Grácio (1986).

O processo que se seguiu à Revolução de abril de 1974 muito cedo levou a uma ruptura com algumas das principais orientações da reforma protagonizada por Veiga Simão. Essa ruptura – iniciada com o deslocamento do poder para as escolas e, nestas, para os docentes progressistas e os estudantes (LIMA, 1992; STOER, 1986) – foi simbolicamente materializada em julho de 1974, com o afastamento de todos os quadros dirigentes do Ministério da Educação e a nomeação de novas equipes para as direções-gerais e os organismos equiparados, recorrendo, em geral, a personalidades sem anteriores responsabilidades na administração central e provenientes de diversos setores da Oposição Democrática. Mas foi ainda mais longe com o abandono, de fato, da implementação da Lei nº 5/73 e a revogação de algumas das mais emblemáticas decisões de Veiga Simão, nomeadamente no setor do ensino superior.

Até como resposta à extrema dificuldade em influírem no cotidiano das escolas superiores, dominadas em grande número por grupos estudantis radicais, os responsáveis pelo ensino superior e pela investigação científica dos governos provisórios procuraram estabelecer um *plano de conjunto de desenvolvimento do ensino superior*, que incluía uma profunda revisão de estruturas institucionais.

Depois de ter reunido, em fevereiro de 1975, um vasto leque de representantes de escolas superiores e de diversos organismos públicos de ciência e cultura, dos sindicatos dos professores e da Organização dos Trabalhadores Científicos, para além de várias personalidades convidadas a título individual, foi produzido pela Secretaria de Estado do Ensino Superior e da Investigação Científica (1975) um documento de trabalho, intitulado *Políticas do ensino superior. Bases para um programa*, que serviu de suporte e fundamentação às *bases programáticas para a reforma do ensino superior*, aprovadas mais tarde, em junho de 1975, pelo Conselho da Revolução, o órgão de poder que, no ordenamento político desse período de legalidade revolucionária, tinha a competência constitucional de aprovar esse tipo de leis.

Segundo as orientações então aprovadas pelo poder revolucionário, ao ensino superior pedia-se então que este assumisse grandes compromissos:

- A cooperação da universidade na tarefa de democratização do país e de criação de maior igualdade de oportunidades de todos os cidadãos perante a vida consiste, fundamentalmente, na completa modificação do *tipo de relações existentes entre a universidade e o sistema social*, quer alterando radicalmente a extração social dos estudantes (e docentes) universitários quer abolindo progressivamente os privilégios sociais criados pela frequência do ensino superior.
- O compromisso da universidade nas tarefas sociais do país é analisada em vários aspectos: a responsabilidade da universidade (a) na formação dos técnicos superiormente qualificados de que o país necessita, (b) na difusão da cultura progressista e (c) na formação de uma mundividência apta a apoiar eficaz e esclarecidamente a construção de uma sociedade socialista (SECRETARIA DE ESTADO DO ENSINO SUPERIOR E DA INVESTIGAÇÃO CIENTÍFICA, 1975, p. 11).

Embora tenha sido a criação do Serviço Cívico Estudantil a medida que, no plano da polêmica e da luta política, mais mobilizou opiniões nesse período, foi, todavia, no plano da estrutura institucional do ensino superior, que se apresentou a maior ruptura com a Lei nº 5/73, que, previa o desenvolvimento do ensino superior segundo duas vias institucionalmente distintas: uma, de duração longa, conduzindo à licenciatura e às pós-graduações, a ser realizada em *universidades*; outra, de duração curta, conduzindo ao bacharelado, em *institutos politécnicos* ou *escolas normais superiores*. Acusada essa estrutura dualista de "profundamente elitista"[7], e prevendo que iria produzir "enormes e irracionais distorções na procura do ensino superior", já que induziria os estudantes e suas famílias "a buscar os ramos mais prestigiados, ainda que socialmente menos úteis" (SECRETARIA DE ESTADO DO ENSINO SUPERIOR E DA INVESTIGAÇÃO CIENTÍFICA, 1975, p. 25), o novo poder defendeu como alternativa uma *escola superior integrada*, ou, na feliz expressão de Ana Maria Seixas (1991), uma "universidade polivalente".

A *normalização da política educativa* encetada pelos governos constituídos após a aprovação da Constituição da República, em 1976, afirmou-se inicialmente por meio de intervenções negativas, começando pelo afastamento dos quadros superiores do Ministério da Educação recrutados no período pós-revolução e que personalizavam o conjunto das orientações e reformas encetadas, ou apenas esboçadas, no período de crise revolucionária.

Esse programa de normalização, entretanto, só aparentemente era de natureza conjuntural. Assentadas numa alegada *neutralização ideológica do aparelho de ensino*, as novas políticas procuraram reconstruir o poder do Estado paralisado pela crise revolucionária

---

[7] A afirmação de que a opção dualista é "profundamente elitista" é justificada do seguinte modo: "Foi a resposta encontrada para salvar a concepção tradicionalista da Universidade perante a premência de um ensino superior de massas. Criando o ensino superior 'não universitário' de vocação profissional, procurava desviar-se da universidade grandes massas de estudantes que buscam sobretudo uma preparação profissional e reservá-la para uma elite cultural votada ao culto do saber, elite que, numa sociedade como a nossa, não podia deixar de ser, ao mesmo tempo, uma elite social e económica. [...] Uma estrutura destas, constituída por *dois tipos de ensino superior*, cristalizada em estabelecimentos de ensino de duas espécies distintas, desigualmente dotados e privilegiados, cria a imagem de dois sectores no ensino – um sector *nobre* e um sector *plebeu*" (SECRETARIA DE ESTADO DO ENSINO SUPERIOR E DA INVESTIGAÇÃO CIENTÍFICA, 1975, p. 25).

e definir uma nova orientação estratégica, em que prevaleciam os objetivos da qualificação profissional e da formação do capital humano, considerados projeto central do processo de modernização centrado na integração da então Comunidade Econômica Europeia (CEE).

Assegurado politicamente o controle do aparelho de Estado, a normalização no campo educativo iria decorrer sob um novo mandato: o do *desafio europeu*. Nesse propósito, incluía-se a intenção de substituir a "política pelo planejamento"[8], dando prioridade a formações técnicas de *nível médio*, consideradas pelas instâncias de planejamento como mais ajustadas ao desenvolvimento econômico do país.

A generalização do regime de *numerus clausus* foi a primeira das medidas adotadas no sentido de desviar a procura do ensino superior universitário[9]. Essa medida, de caráter negativo, foi de imediato acompanhada pela decisão de proceder à criação do *ensino superior de curta duração* ou, como mais tarde, seria designado de *ensino superior politécnico*, ao qual foi atribuída uma inequívoca prioridade nos planos de desenvolvimento do ensino superior público em Portugal, prioridade que se manteria até os anos 1990[10]. Nesse projeto, que teve a participação ativa do Banco

---

[8] A expressão é de Stephen Stoer (1986).

[9] O *numerus clausus* é generalizado a todos os cursos pelo Decreto-lei nº 397/77, de 17 de setembro, embora, já no ano letivo de 1976-1977, as entradas nos cursos de Medicina, Medicina Veterinária e Psicologia (no seu primeiro ano de funcionamento em universidades públicas) tenham sido condicionadas pelo *numerus clausus*. É importante que a tentativa de contrariar a pressão da procura de ensino superior data de antes de 1977, com o exame de aptidão, que vigorou até 1973-1974, e o Serviço Cívico Estudantil, em 1975. Contudo, o regime de *numerus clausus* instituiu uma característica qualitativamente nova: procura associar as limitações no acesso ao ensino superior às necessidades de formação de mão de obra qualificada, determinadas por instâncias do planejamento em função de modelos e metas inerentes aos objetivos do desenvolvimento econômico.

[10] Em 1977-1978, o número de vagas, no ensino público, era de 10.476 no ensino universitário (índice 100) e de 1.870 no ensino politécnico (índice 100); em 1992-1993, as vagas no ensino universitário tinham subido para 17.412, correspondendo ao índice 166, enquanto, no ensino politécnico, se situava nas 8.983, correspondendo a um índice substancialmente mais elevado, 480.

Mundial nos planos de ajuda técnica e de financiamento, o objetivo era implementar um ensino superior curto, essencialmente técnico e centrado numa formação prática e especializada (de *banda estreita*, na terminologia curricular).

Contraditoriamente, o mesmo governo que aprovava medidas no sentido de *desviar* uma massa importante de estudantes para formações técnicas e profissionais não universitárias concretizava uma reforma do ensino secundário (10º e 11º anos de escolaridade), unificando as antigas vias de ensino liceal e de ensino técnico, o que, na prática, aumentou a pressão sobre o ensino superior, em especial sobre o universitário, até pela ausência ainda de ensino politécnico. A ambivalência dos novos cursos secundários e a sua maior proximidade com o antigo ensino liceal, a via nobre até esse momento para o acesso à universidade, conduziram, durante toda a década de 1980, a uma maior procura de ensino superior, estrangulada por um insuficiente desenvolvimento do ensino superior público.

Logo no início da década de 1980, verificou-se um progressivo afastamento entre o número de candidatos que desejavam ingressar no ensino superior e o número de vagas oferecidas pelo ensino público (Gráfico 1). A partir de 1989, depois de uma mudança significativa na legislação que regulava o ingresso no ensino superior – os exames nacionais de acesso deixaram de ser eliminatórios e assumiram a função principal de ordenar os candidatos que terminavam o ensino secundário –, essa distância acentuou-se consideravelmente. Pode-se dizer que, na transição da década de 1980 para a de 1990, mais da metade dos alunos que terminavam o ensino secundário não encontrava vaga numa escola de ensino superior.

Gráfico 1
Evolução do número de candidatos e de vagas para acesso ao ensino superior público (1978 a 1990)

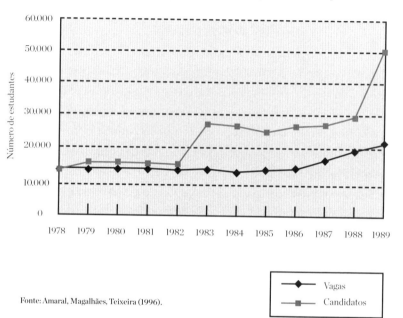

Fonte: Amaral, Magalhães, Teixeira (1996).

A resposta a essa situação, potencialmente perigosa no plano social, deu-se com a abertura de condições para a instalação de universidades particulares e cooperativas, que, em relação ao ensino público, rapidamente assumiram o papel de supletividade em alguns casos e de concorrente em outros, sobretudo nos grandes centros urbanos. Pode-se, então, afirmar que a massificação do ensino superior que, no final da década de 1990, tinha uma taxa de participação do grupo etário dos 18 aos 24 anos da ordem dos 40% se deve, em grande parte, ao setor privado do ensino superior (CORREIA; AMARAL; MAGALHÃES, 2000).

O ensino superior português, no seu somatório de ensino público e privado e de ensino universitário e politécnico, atingiu, no final da década de 1990, elevados índices de participação, verificando-se, a partir de 1995, um fenômeno novo de profundas consequências para a primeira década do século XXI: *o decréscimo progressivo do número de candidatos,* fruto em particular de uma evolução demográfica desfavorável, em face de uma *capacidade instalada* muito superior. Em 1997, cerca de 30 mil vagas ficaram por preencher (CENTRO DE INVESTIGAÇÃO DE POLÍTICAS DO ENSINO SUPERIOR, 1999), sobretudo no ensino politécnico, público e privado (este último com fraca expressão, salvo na formação de professores), no ensino universitário privado e nas universidades públicas fora dos grandes centros populacionais.

INTERROGAÇÕES E DESAFIOS ÀS POLÍTICAS PÚBLICAS DE ENSINO SUPERIOR

Nos últimos tempos, tem-se assistido a um significativo aumento de conflitualidade política e social no que se refere ao ensino superior. De forma sumária, pode-se afirmar que esses conflitos giram em torno de três questões – a regulação do sistema, o modelo institucional de organização e o financiamento do sistema público – e mobilizam alguns dos atores sociais mais poderosos da sociedade portuguesa, como a Igreja Católica, diversos interesses regionais, as ordens profissionais, o conselho de reitores das universidades públicas e a associação representativa das universidades privadas.

A conflitualidade emergente tem subjacente a expectativa – e a necessidade – de encontrar respostas a alguns desafios com os quais o sistema de ensino superior português se defronta, num contexto, em que, diversas vezes, os mandatos sociais não são explícitos e, em muitos casos, contraditórios.

No presente capítulo, elencam-se *seis problemáticas* que representam outros tantos *desafios à decisão política*:

1. A Declaração de Bolonha, de junho de 1999, estabelece um verdadeiro programa de reformas no sentido da *normalização* de estruturas, de procedimentos e de modos de organização do ensino superior no espaço europeu, tendo como pressuposto a mobilidade de pessoas e o reconhecimento das respectivas formações. Será possível realizar esse ambicioso programa respeitando a diversidade de tradições, ritmos e modelos de organização no ensino superior em cada país-membro?

2. A *oferta de ensino superior* em Portugal realiza-se, particularmente depois de meados da década de 1980, por meio de dois subsistemas, um de natureza pública (estatal) e outro de iniciativa privada (cooperativa), em que este último se desenvolveu sobretudo como forma de responder a uma procura estudantil não satisfeita pelo sistema público. As políticas públicas para o ensino superior se centrarão na consolidação desses dois subsistemas ou se dirigirão para o aumento da capacidade de oferta de ensino público (sobretudo de natureza universitária), em especial nas regiões de Lisboa e Porto e nas capitais de distrito onde não existem universidades, com o objetivo explícito de fazer com que a oferta pública venha a cobrir toda a demanda estudantil?

3. A partir de 1978, institucionalizou-se um *modelo binário de ensino superior*, que a Lei de Bases do Sistema Educativo veio a consagrar em 1986. Os vultosos investimentos em infraestrutura (instalações e equipamentos) e a consolidação do corpo docente no ensino superior politéc-

nico público, a par de uma marca, em grande parte não superada, de ensino superior de segunda (ou terceira) oportunidade, conduzirão esse subsistema a reivindicar condições de funcionamento em tudo idênticas às universidades públicas (autonomia de governo e concessão do grau de mestre e doutor, depois de a licenciatura ser o grau concedido generalizadamente na graduação)? Que futuro haverá para esse modelo binário? Os institutos superiores politécnicos se transformarão em universidades ou se insistirá nas duas vias institucionais?

4. A *regulação do ensino superior* nos últimos anos evoluiu, por um lado, no sentido de uma larga autonomia do ensino superior público, muito em particular das universidades, e, por outro, no aumento das formas de controle burocrático-administrativo sobre as universidades privadas, a par do lançamento de um vasto e complexo sistema de avaliação institucional e da multiplicação de instâncias (privadas ou públicas) de acreditação de cursos e de reconhecimento de diplomas profissionais. Duas problemáticas emergem:

- Num período em que se torna muito difícil fazer previsões fiáveis no campo das necessidades de formação de recursos humanos, como regular a oferta de formação do conjunto do ensino superior?
- Num sistema complexo e extremamente diversificado, como realizar o serviço público de reconhecimento e validação de diplomas?

5. O ensino superior já é hoje *tendencialmente um ensino de massas*, com todas as implicações qualitativas que esse fato acarreta (o 5º ano dos liceus era, no início dos anos 1970,

mais seletivo do que é hoje o ensino superior). A questão que emerge é a seguinte: como realizar um ensino de excelência numa escola superior para todos?

6. Os *sistemas de educação*, tal como a ciência ou a tecnologia, são, por natureza, *fenômenos transnacionais*. Neste mundo global, poderá a universidade portuguesa desempenhar um papel importante na construção de uma comunidade de povos de língua portuguesa, com particular destaque no momento atual para Brasil e Angola? E será possível conduzir esse esforço no contexto mais vasto de afirmação de um espaço ibero-americano assentado na latinidade das línguas portuguesa e espanhola?

Numa realidade social como a portuguesa, marcada por uma permanência de séculos numa condição semiperiférica, uma orientação que conduza a uma inserção distinta no sistema mundial, passando a integrar – de fato e não apenas no plano simbólico – o centro da construção europeia, exigirá bem mais do que uma política de convergência financeira, edificada em torno de uma moeda comum. Implicará seguramente uma forte convergência real com as condições de vida e os direitos sociais dos incluídos dessas sociedades, acompanhada de uma ainda mais forte ação política de constante experimentação no campo da participação social, que transforme a cidadania, construída na base da ideia de "autodeterminação" de Habermas (1993) – e não contendo em si as exclusões do contrato social da modernidade – na essência do desenvolvimento de um governo democrático comprometido com a emancipação social.

Nesse esforço, seguramente a universidade – e o ensino superior no seu conjunto – tem uma palavra a dizer. Mas talvez isso implique, como sublinha Boaventura de Sousa Santos (1989, p. 11-62) num texto premonitório alguns anos atrás, que seja necessário repensar de modo inovador e radical a *própria ideia de universidade*, de modo que esta possa assumir na plenitude o conteúdo igualitário e universalista das suas formas de argumentação, como defende Habermas (1993, p. 35-66), em que as sociedades modernas – isto é, não cristalizadas, libertas de modelos dominantes – possam ganhar consciência de si próprias.

REFERÊNCIAS

AMARAL, A.; MAGALHÃES, A.; TEIXEIRA, P. *Management structure in the European Union and South Africa Higher Education Systems, The Portuguese case*. Porto, 1996. Relatório técnico.

CENTRO DE INVESTIGAÇÃO DE POLÍTICAS DO ENSINO SUPERIOR. Previsão do número de alunos e das necessidades de financiamento. Ensino superior – 1995 a 2005. *Cipes*, Lisboa: Fundação das Universidades Portuguesas, fev. 1999.

CORREIA, F.; AMARAL, A.; MAGALHÃES, A. Diversificação e diversidade dos sistemas de ensino superior. O caso português. *Cipes*, Lisboa: Fundação das Universidades Portuguesas, mar. 2000.

GRÁCIO, S. *Política educativa como tecnologia social*. As reformas do ensino técnico de 1948 e 1983. Lisboa: Livros Horizonte, 1986.

HABERMAS, J. A ideia da universidade. Processos de aprendizagem. *Colóquio Educação e Sociedade*, n. 3, p. 35-66, jul. 1993.

HUNTINGTON, S. P. *The third wave*. Democratisation in the late twentieth century. Norman, OK: University of Oklahoma Press, 1991.

LIMA, L. *A escola como organização e a participação na organização escolar*. Um estudo sobre a escola secundária em Portugal (1974-1988). Braga: Universidade do Minho, 1992.

MINISTÉRIO DA EDUCAÇÃO. *Séries cronológicas básicas do sistema educativo*. Lisboa: Ministério da Educação, Departamento de Avaliação, Prospectiva e Planeamento, 2000.

MINISTÉRIO DA EDUCAÇÃO E INVESTIGAÇÃO CIENTÍFICA. *Evolução do sistema de ensino, 1960-61 a 1973-74*. Lisboa: Ministério da Educação e Investigação Científica, Secretaria Geral, 1975.

NUNES, S. *A situação universitária portuguesa*. Lisboa: Livros Horizonte, [19--].

ORGANISATION FOR ECONOMIC CO-OPERATION AND DEVELOPMENT. *Thematic review of the first years of tertiary education*. Country note: Portugal. Paris: OECD, Sept. 1998. Mimeo.

SECRETARIA DE ESTADO DO ENSINO SUPERIOR E DA INVESTI-GAÇÃO CIENTÍFICA. *Política do ensino superior*. Bases para um programa. Lisboa: Secretaria de Estado do Ensino Superior e da Investigação Científica, 1975.

SEIXAS, A. M. *"Escolas modelo" ou "escolas refúgio"?* Política educativa e repre-sentações sociais dos estudantes do ensino superior politécnico. 1991. Dissertação (Mestrado) – Faculdade de Psicologia e Ciências da Educação, Universidade de Coimbra, Coimbra, 1991.

SOUSA SANTOS, B. de (Org.). Da idéia de universidade à universidade de idéias. *Revista Crítica de Ciências Sociais*, n. 27-28, p. 11-62, jun. 1989.

_____. O Estado, as relações salariais e o bem-estar social na semiperiferia: o caso português. In: _____. (Org.). *Portugal*: um retrato singular. Porto: Edições Afron-tamento, 1993.

STOER, S. *Educação e mudança social em Portugal*: 1970-1980, uma década de transição. Porto: Edições Afrontamento, 1986.

TEODORO, A. *As políticas de educação em discurso direto*, 1955-1995. Lisboa: Instituto de Inovação Educacional, 2001.

2
APRENDER E ENSINAR:
significados e mediações
ÓSCAR C. DE SOUSA*

INTRODUÇÃO

O aprender e o ensinar constituem duas atividades muito próximas da experiência de qualquer ser humano: aprendemos quando introduzimos alterações na nossa forma de pensar e de agir, e ensinamos quando partilhamos com o outro, ou em grupo, a nossa experiência e os saberes que vamos acumulando. Apesar de termos praticado frequentemente esse ofício de aprender e ensinar (ao longo de nossa história), não deixa de se revestir de alguma complexidade a atenção reflexiva de pensadores de todas as áreas do saber (ao longo da história). Não pretendemos aqui elencar uma catalogação de teorias à volta desses temas, remetendo o leitor para autores de reconhecido mérito; pretendemos equacionar algumas ideias que ajudem os docentes a entrar, duma forma esclarecida, no mundo maravilhoso da aprendizagem e do desenvolvimento.

* Doutor em Psicologia pela Universidade Complutense de Madri. Subdiretor da licenciatura de Ciências da Educação da Universidade Lusófona de Humanidades e Tecnologias (ULHT), de Lisboa.

Desde o nascimento, cada homem enfrenta não apenas o desafio da sobrevivência, mas também o do desenvolvimento, que se alcança pela aprendizagem feita no seio de comunidades que se renovam constantemente. Ao olharmos, por um lado, para as potencialidades de aprendizagem que cada homem encerra, para as propostas, cada vez mais exigentes, que lhe são feitas ao longo de todas as idades e, por outro, para as frustrações, limitações e registros de insucesso experimentados por muitos, somos levados a questionar a verdadeira natureza do aprender e a conhecer os mecanismos e processos que estão subjacentes às diversas aprendizagens.

O ensino confunde-se, no seu sentido mais lato, com a socialização e pode conceber-se como uma atividade comunicativa. Nesse sentido, ensinamos quando partilhamos, orientamos ou informamos. Ao sairmos de ambientes naturais onde realizamos uma boa parte das aprendizagens indispensáveis à sobrevivência e nos introduzimos em esquemas mais formais, verificamos que os profissionais que se dedicam ao ensino sentem necessidade de saber como exercer esse *munus*, levando em conta as características dos sujeitos e a natureza da tarefa.

Quando a arte de ensinar é intencional, apresenta contornos de complexidade pelos contextos que marcam a relação, pelas motivações dos intervenientes, pelos conteúdos propostos, pelos códigos utilizados e pelas concepções que os agentes da interação têm da situação.

André Giordan (1998) organiza em três categorias as concepções que se formaram à volta do conceito de "aprender do ponto de vista de quem ensina":

- A primeira categoria descreve o aprendiz como um cérebro vazio, a aprendizagem como um mecanismo de registro e o ensino como uma transmissão de conhecimentos. Cabe ao aluno portar-se como um bom receptor, estar atento e disponível; cabe ao professor fornecer uma informação coerente de forma clara e progressiva. Existe uma relação linear entre o emissor e o receptor. O resultado traduz-se pela memorização da informação. A avaliação encerra o ciclo e assegura o sucesso do modelo. O insucesso recai no aluno que não foi capaz de receber a informação ou no professor que não foi claro na transmissão da matéria. O modelo não julga pertinentes nem os saberes já adquiridos nem a atividade do aprendiz. Existe, ainda, entre o aluno e o professor uma relação de subalternidade, uma espécie de paternidade e filiação: devem partilhar os mesmos argumentos, o mesmo quadro de referências, os mesmos sentidos. Não se cultiva no aluno o prazer do aprender autônomo; em consequência, esse aluno espera tudo do professor, habituando-se a uma aprendizagem mecânica.

- A segunda categoria parte dos mesmos pressupostos filosóficos de que o aprendiz é, já de início, uma tábula rasa, mas aposta no treino do aluno. O protagonismo é exercido pelo professor e pelo meio exterior que manipula associações, porque a aprendizagem é uma cadeia de associações assegurada por um esquema de reforços, de incentivos. No quadro das potencialidades biológicas, é possível ensinar tudo, mesmo as tarefas mais complexas, desde que decompostas em outras mais simples. A educação é uma tecnologia. O aluno deve manter-se ativo, mas ignoram-se a mente e os processos mentais que sustentam essa atividade. O sucesso do modelo é assegurado pela quantidade de aprendizagens realizadas. Exigem-se do professor uma boa planificação e um programa de reforços; do aluno, exige-se que se sujeite ao plano.

- A terceira categoria engloba uma concepção que encerra o ciclo da discussão à volta dos postulados do empirismo e do racionalismo. Defende uma interação entre as estruturas do sujeito e o objeto de estudo; centra a sua atenção no sujeito, nos seus interesses, fomenta a autonomia e a livre expressão de ideias. O aluno tem uma atividade mental autônoma que lhe permite raciocinar, intuir, descobrir; é ativo e reage ao meio exterior procurando, selecionando, comparando, evitando. Essa concepção ficou igualmente conhecida como *construtivista* porque vê o sujeito numa espiral em que desenvolvimento e aprendizagem se condicionam mutuamente, e a estruturação e a reestruturação dos esquemas mentais são asseguradas pela dinâmica da adaptação, traduzida por processos de assimilação e de acomodação.

Há algo de comum em todas essas concepções: o objetivo de todo o ensino é a aprendizagem do aluno. Os modelos divergem na forma como concebem o aprendiz, a função do professor, a inter-relação entre ambos e a metodologia que utilizam para mobilizar o processo de aprendizagem. Portanto, antes de aderir a qualquer concepção sobre o modo como ensinar, o importante é refletir sobre a sua finalidade. O que é, então, aprender? Aprendemos o que e como? As diversas aprendizagens que realizamos ao longo da vida têm a mesma estrutura?

O QUE É APRENDER?

Refletir sobre a aprendizagem é, sobretudo, indagar-se sobre a natureza e a variedade de aprendizagens a que estamos expostos, as variáveis e os mecanismos que interferem no processo, as propostas que pensadores e teóricos encontraram para explicá-las e incrementá-las.

A aprendizagem é um processo natural inerente à condição do ser vivo e à necessidade de sobrevivência. É pela interação com o meio que os organismos, tanto os mais simples como os mais complexos, processam informações que permitem identificar os estímulos do meio interno ou externo e preparar respostas adequadas à informação *descodificada*. Piaget (1977) atribuiu a esse processo o conceito biológico de adaptação, que, mais tarde, integrou no seu modelo de construção cognitiva ao afirmar que toda aprendizagem é uma adaptação, associando-a ao processo de desenvolvimento. Cada espécie animal vem, de acordo com os mecanismos constitutivos do seu patrimônio biológico, dotada de meios próprios orientados para captar o ambiente e interpretados por um centro descodificador, de caráter inato, que prepara as respostas adequadas aos sinais processados. Quando permanecem no seu meio natural, a maior parte dos animais desencadeia padrões de comportamentos comuns à espécie. Os organismos que possuem sistema nervoso apresentam comportamentos ditados pela hereditariedade ou aprendidos como consequência da inter-relação com o meio ambiente. Em situações marcadas pela intervenção do homem, os animais mostram que são capazes de alargar o campo de aprendizagens para além do seu comportamento padrão mas estas permanecem associadas, de alguma forma, às suas necessidades biológicas.

Também o homem vem dotado de um conjunto de meios internos e externos que lhe permite entrar em contato com o meio ambiente. Nele é muito reduzido o número de padrões de comportamentos inatos, mas é a partir deles que constrói toda a sua estrutura cognitiva, afetiva e social (PIAGET, 1977). Apoia-se num sistema nervoso bastante complexo, que lhe assegura o uso e o desenvolvimento das suas potencialidades até limites não conhecidos. Ainda de acordo com Piaget (1977), constituem "fatores de desenvolvimento" a maturação interna de natureza hereditária, a experiência física ou social a que se expõe o sujeito e a transmissão social que diversifica as experiências e torna multiculturais as aprendizagens.

Devem merecer a nossa atenção, e até alguma admiração, a capacidade e a vontade de aprender da criança na fase do desenvolvimento correspondente aos seus primeiros anos de idade, denotando uma forte motivação interna para agir e conhecer (BRUNER, 1966). É, então, que aprende a comunicar, a andar, a falar, tarefas de grande complexidade è cujo domínio adquire num período de tempo bastante reduzido, mantendo-as durante a vida inteira. Aprenderá mais tarde a saltar, a nadar, a andar de bicicleta, a praticar jogos de grande precisão (tênis, pingue--pongue, basquetebol), atividades que, para além da coordenação motora, requerem controle de muitas variáveis e cálculos matemáticos bastante complexos que são assegurados pela atividade perceptivo-neurológica, pela repetição e por sucessivas correções. Ao longo da vida, realizamos aprendizagens que nos garantem a sobrevivência, o sucesso pessoal e social e que exigem apenas o envolvimento pessoal e dispensam qualquer tipo de ensino formal. A maior parte delas requer uma forte motivação, potencialidades e aptidões que as apoiem, contextos estimulantes e, na maioria dos casos, utiliza recursos intelectuais tácitos e implícitos.

O homem, no entanto, não resume a sua história e a sua vida a adquirir comportamentos observados no seu meio ambiente. A curiosidade levou-o a pesquisar, desde muito cedo, o que se faz, como se faz e por que se faz, sujeitando as aprendizagens a um processo reflexivo. Interessou-se, igualmente, pelo mundo físico e social, fez o levantamento das características dos objetos, questionou a sua natureza, relacionou os objetos entre si, foi à procura da causalidade. As observações, as ações e as reflexões que daí resultaram constituíram-se num corpo de saberes conservados primeiro na memória do sujeito e transformados em patrimônio da humanidade, quando partilhados e tornados públicos. Essa possibilidade de guardar, perpetuar e comunicar é específica dos humanos que, após o período sensório-motor, comum a muitos animais, iniciam o seu desenvolvimento cognitivo propriamente dito, apoiados pela capacidade que adquirem de construir representações mentais de objetos e de ações conservadas e reproduzidas, sobretudo, por meio da linguagem (PIAGET, 1977). Além de uma herança biológica, consequência da filogênese, surge uma outra cultural, científica e artística posta ao serviço de todos os homens como contributo valioso para a sua construção pessoal e social, concretizável ao longo da ontogênese. Toda essa herança é transmitida oralmente ou guardada sob forma de códigos áudio-vídeo-gráficos construídos, cujo domínio exige iniciação e instrução. As figuras da escola e do professor surgem nesse contexto: a escola como instituição e espaço privilegiado onde a aprendizagem e a apropriação acontecem; o professor como adulto socializador, mediador entre o saber e o aprendiz. Essa herança é constituída por saberes, pelo saber fazer, por produtos, por reflexões que fazem apelo a experiências diversificadas, que se apoiam em diferentes aptidões e traduzem variadíssimas tipologias de aprendizagem. Ainda é importante dizer que o patrimônio que herdamos não é estático nem se pretende que seja apenas preservado e reproduzido; o seu domínio provoca novas curiosidades que se transformam em novos saberes.

Na apropriação desses saberes residem alguns problemas relacionados com a aprendizagem. Estão em jogo a motivação e as estruturas cognitivas do aprendiz, a natureza da tarefa a realizar, o contexto da comunicação. É também aqui que sobressaem a pessoa do professor, com os meios e as estratégias de que se serve para disponibilizar os saberes, e a do aluno com aquilo que faz para se apropriar do que é proposto. Desde há muito, os saberes são públicos e estão ao dispor de todos; requerem, contudo, aprendizagem que é sempre uma construção pessoal. Os desempenhos e as realizações – que nos são dados a conhecer em domínios tão variados como os artísticos, desportivos, técnicos e científicos – devem levar o aprendiz e o professor a prestar homenagem permanente às capacidades do homem que André Giordan (1998) vê como uma verdadeira "máquina de aprender".

A psicologia, desde a sua origem, interessou-se pelo tema da aprendizagem. No princípio do século XX, apresentaram-se dois paradigmas distintos na abordagem de questões da psicologia, em geral, e da aprendizagem, em particular. O primeiro, protagonizado por John Watson, Edward Thorndike e Burrhus Skinner, entre outros, teve origem na corrente empirista e adaptou-se às exigências do positivismo científico. Só se pode construir uma psicologia verdadeiramente científica se esta tiver como objeto de estudo o comportamento observável e como método o experimental. Esses estudiosos afirmam que tudo o que somos, num determinado momento, é consequência de aprendizagens, que não são outra coisa senão associações entre estímulos e respostas.

O modelo impôs-se no panorama da pesquisa científica, durante a primeira metade do século XX, sob a designação de *behaviorismo*. Os behavioristas definiram operacionalmente a aprendizagem como mudança observável do comportamento e pesquisaram leis gerais da aprendizagem. Recusaram-se a falar da mente e da atividade mental do sujeito; as associações eram meras conexões neuromusculares. É possível aprender tudo desde que transformado em associações; as aprendizagens mais complexas devem ser decompostas em unidades mais simples. Aprender é associar; ensinar é programar. O meio ambiente e o professor são elementos motivadores, quer porque propõem aprendizagens quer porque fornecem estímulos para as associações. O desenvolvimento humano é caracterizado por acumulação de aprendizagens generalizáveis para situações similares.

O segundo paradigma afirma o primado da totalidade, da configuração, da *Gestalt* sobre as partes e da atividade do sujeito na construção da percepção, porque dotado de estruturas isomórficas e construtor de significados. Aprender é compreender e integrar num todo que se reconstrói permanentemente. Desse modo, origina-se uma corrente ampla, conhecida como *cognitiva*, que se propõe a estudar as estruturas do sujeito e os mecanismos e processos que interferem na aprendizagem. Como é uma elaboração feita pelo sujeito, deve o professor levar em conta essa situação ao propor qualquer tipo de aprendizagem.

Da mesma forma que o nosso desenvolvimento se processa por meio de estágios caracterizados por estruturas que se sucedem no tempo sempre na mesma sequência (PIAGET, 1977), também os conteúdos requerem uma apresentação que revele a sua estrutura e respeite a etapa do desenvolvimento do sujeito (BRUNER, 1966). Ao professor, como mediador, pede-se que esteja atento, por um lado, ao sujeito, à sua construção pessoal e, por outro, à natureza e às estruturas do conteúdo.

Considerando os profissionais a quem essa reflexão se destina e a natureza das aprendizagens ministradas no ensino formal, não faremos nenhuma referência às propostas dos psicólogos behavioristas. Selecionamos, no quadro da psicologia cognitiva, a teoria do processamento da informação, com o intuito de acedermos aos processos e mecanismos subjacentes às aprendizagens, e dois autores, proeminentes representantes da psicologia da educação: David Ausubel, que nos convida a prestar atenção sobretudo à estrutura do sujeito, e Jerome Bruner, que nos propõe um modelo de instrução em que recomenda que se descubra e se apresente ao aluno a estrutura do conteúdo.

TEORIAS SOBRE APRENDIZAGEM

TEORIA DO PROCESSAMENTO DA INFORMAÇÃO: MECANISMOS E PROCESSOS QUE INTERFEREM NAS NOSSAS APRENDIZAGENS

A *teoria do processamento da informação* é um ramo da psicologia cognitiva cujo objetivo geral é desvendar a teia de processos cognitivos implicados quer na aprendizagem em geral quer nas aprendizagens específicas. Não se pode conceber como uma teoria unitária mas, antes, como um quadro de referência que alberga variadíssimos programas de pesquisa. Vê o sujeito como um sistema que processa informação e que, num determinado contexto, se empenha em resolver um problema. Numa versão simplificada, o paradigma procura o impulso de entrada (*input*), que desencadeia todo o processo, e termina com uma resposta (*output*), que tanto pode ser uma informação guardada ou evocada na memória, quanto uma resposta motora, uma resposta verbal, uma decisão ou um juízo. Entre a entrada e a saída, intervêm processos mais básicos, como os perceptivos ou os responsáveis pela análise e pela codificação da informação, e processos mais complexos, que implicam compreensão, categorização, mobilização de estratégias cognitivas, de relacionamento, de integração.

O grande responsável pela execução e pela garantia das nossas aprendizagens é o sistema nervoso central e periférico dotado de complexidade e de especificidades. Não iremos nos debruçar sobre os modos do seu funcionamento. Lembramos, apenas, que as lesões parciais, inatas ou adquiridas, em zonas do sistema, são responsáveis pelas incapacidades e pelas dificuldades de acedermos a certos tipos de aprendizagens.

A teoria do processamento da informação refere-se a três fases principais no processo da aprendizagem: a fase ligada à recepção da informação, protagonizada pelos sentidos; a fase de tratamento e análise, realizada pela memória de curto prazo; e a fase de armazenamento e evocação da informação ou elaboração de respostas, assegurada pela memória de longo prazo. É esta que armazena igualmente sequências de comportamentos que constituem procedimentos e hábitos com forte componente motor. Ali permanecerão até serem ativadas ou lembradas (GAGNÉ; YEKOVICH, YEKOVICH, 1963).

A fase da recepção está assegurada por um conjunto de receptores que captam sinais luminosos, sonoros, olfativos, gustativos e táteis, por meio de mecanismos próprios que constituem o nosso equipamento de sensores virados para o exterior (exteroceptivos) ou de receptores virados para o interior do organismo (interoceptivos). Tais sinais entram no sistema nervoso sob a forma de impulsos eletroquímicos. Qualquer limitação, total ou parcial, nesse equipamento de recepção básica traduz-se por limitações na capacidade global de processamento de informação, obrigando os indivíduos com déficit sensorial a recorrer ou reforçar outros canais de entrada.

Essa primeira fase do processo pode estar associada a respostas automáticas, mas, no seu conjunto, não tem características mecânicas. O sujeito que se expõe às influências do meio não se comporta como um sujeito passivo, aberto à invasão de toda e qualquer informação, como imaginavam os empiristas. O sujeito reconhece, orienta, seleciona, compara, ignora informação, portando-se como ser ativo. Essa atividade do sujeito é assegurada por uma memória sensorial capaz de reter a informação por um período de tempo suficiente para recolher itens auditivos, visuais ou outros e constituir unidades de análise. Somos orientados nessa seleção por mecanismos adaptativos específicos à espécie ou pela estrutura do sujeito que recorre à sua experiência passada para sugerir estratégias na abordagem e tratamento da informação ou para expressar interesse e expectativas que traduzem estados motivacionais gerais ou específicos à situação. Esses mecanismos guiam-se por objetivos e motivações de curto ou de longo prazo e designam-se *mecanismos de percepção seletiva*. Merecem atenção pessoal do sujeito aprendiz e podem e devem ser monitorizados por agentes externos com funções de orientação, despertando a curiosidade ou ativando o interesse e a motivação.

A segunda fase é assegurada pela memória de curto prazo (MCP), que retém a informação por um período não superior a dez segundos (MILLER, 1956), em que a informação se transforma em representação simbólica. É também conhecida como memória ativa, de trabalho, pela função que desempenha de ajudar a selecionar e organizar a informação disponível. Trata-se de uma estrutura que prepara e recebe a informação que deve ser armazenada como a que é recordada ou lembrada a partir da memória de longo prazo; é limitada no tempo de retenção e na quantidade de informação que é capaz de guardar, que, segundo Miller (1956), é de 7 + ou - 2 unidades. A sua limitação estende-se também à incapacidade de desempenhar mais do que uma operação em cada momento. A forma comum de ultrapassá-la é tornar automática uma das atividades a dispensar o trabalho consciente da memória de curto prazo, deixando a memória de trabalho livre para outra tarefa que exija maior controle. É o que conseguimos fazer quando conduzimos o carro (comportamento processado automaticamente) e mantemos uma conversa com o passageiro do lado. A informação que for selecionada é identificada, categorizada e enviada para armazenamento.

Começa a terceira fase do processo, assegurada por uma memória de longo prazo (MLP), que, contrariamente à MCP, é ilimitada quanto à informação que é capaz de guardar e quanto ao tempo de armazenamento. Conserva o material codificado em forma de sons, de imagens, de palavras, de proposições e tem a função de guardar e reproduzir informações, representações, imagens, procedimentos, sentidos. São mais fáceis o reconhecimento e a comparação de estímulos do que a evocação pura, que exige um conjunto de sinais ou indícios, a associação a esquemas e sentidos, e uma ativação frequente. Uma informação usada com maior frequência está sempre muito mais disponível que uma outra que deixamos cair em desuso.

Essas três fases não são unidirecionais mas interativas. A dinâmica do processo permite trabalhar com a informação que vem dos sentidos ou fazer, também, intervir mecanismos internos do sujeito para monitorizar a informação sensorial.

Os investigadores na área da psicologia cognitiva e os neuropsicólogos parecem concordar que a informação a reter é distribuída por várias zonas corticais e que há dois sistemas de memória: a memória declarativa, que armazena as designações, as proposições, as teorias, as imagens, os acontecimentos, as datas e os locais, e a memória procedimental, que retém as estratégias cognitivas de pesquisa e decisão, as aprendizagens motoras realizadas com base na experimentação e repetição (ANDERSON, 1983) e que traduzem duas expressões distintas e interdependentes da nossa atividade cognitiva: o *saber* e o *saber fazer*.

Na base do conhecimento declarativo, estão os conceitos, as suas designações e as expressões das suas relações, concretizados por proposições que veiculam ideias. Essas proposições devem ser guardadas de forma significativa, ligadas entre si por elementos comuns, representando verdadeiras redes proposicionais (NOVAK; GOWIN, 1988). O conhecimento procedimental é desencadeado a partir da verificação de um conjunto de condições que ativam um comportamento ou um conjunto de comportamentos verbais ou motores. Numa mesma disciplina, a natureza do conteúdo pode sugerir o recurso simultâneo ou alternativo do conhecimento declarativo ou procedimental.

DAVID AUSUBEL E A APRENDIZAGEM SIGNIFICATIVA

David Ausubel é um dos psicólogos de educação dos nossos tempos que se preocuparam com as aprendizagens propostas na sala de aula. Mostrou-se particularmente interessado na forma como o conhecimento está organizado na mente humana. Introduziu os conceitos fundamentais de "estrutura cognitiva" e de "aprendizagem significativa".

Referindo-se à *estrutura cognitiva*, Ausubel afirma que qualquer pessoa possui, em dado momento, uma organização estável e clara sobre um determinado assunto, que traduz a capacidade que o aprendiz tem de lidar com nova informação ou com novos conceitos. Nela incluem-se não apenas as estruturas mentais, mas também os conteúdos. Uma boa organização facilita a aprendizagem, enquanto uma organização pouco clara e instável dificulta a progressão. O que mais influencia a aprendizagem é o que o aluno já sabe (AUSUBEL; NOVAK; HANESIAN, 1980), de modo que as novas propostas só se tornam significativas se estas se integrarem no corpo estruturado dos saberes já armazenados. A estrutura aqui postulada deve ser hierarquicamente organizada com conceitos e proposições mais extensos e, por isso mesmo, mais inclusivos no topo da hierarquia. A tarefa de cada disciplina é identificar os conceitos mais importantes e mais abrangentes e organizá-los de forma significativa para serem transmitidos aos alunos com clareza, tarefa que deve ser realizada de forma cooperativa com a colaboração de especialistas da área, teóricos ou práticos, de pedagogos e psicólogos. Tais conceitos devem ser assimilados pelo aluno e integrados na sua estrutura, funcionando esta como esqueleto que permita relacionar novos dados com os existentes e integrá-los de forma significativa na estrutura existente.

Relativamente à *aprendizagem significativa*, o autor verifica que, para que ela aconteça, é necessário que a informação fornecida, sob forma de conceitos ou de proposições, se integre no que o aluno já sabe e possa ser expressa por outros símbolos ou por outras palavras. Desse modo, o professor deve garantir, por um lado, que a informação fornecida não seja uma mera listagem de fatos, mas sim um conjunto de conceitos e ideias significativos e, por outro, que exista uma predisposição no aluno para aprendizagens significativas, isto é, uma predisposição dele para relacionar e para integrar (AUSUBEL; NOVAK; HANESIAN, 1980). O contrário de uma aprendizagem significativa é, na opinião do autor, uma aprendizagem mecânica, memorizada e reprodutiva. O aluno que memoriza sente dificuldades em tornar uma informação substantiva, integrando e traduzindo o seu conteúdo com um vocabulário que faça parte da sua estrutura. Essa postura pode ser facilitada por alguns docentes – quando exigem que os alunos respondam de forma mecânica – ou pelo próprio aluno, que evita arriscar uma aprendizagem significativa, já que a memorização de uma sequência de palavras lhe dá maior segurança.

Os facilitadores da aprendizagem significativa são *princípio da diferenciação pedagógica*, que recomenda que sejam primeiro apresentadas ideias mais gerais e inclusivas para depois serem diferenciadas em termos de pormenores, e o *princípio da reconciliação integrativa*, que convida o professor a explicitar as semelhanças e as diferenças entre as ideias que apresenta.

Para facilitar a aprendizagem significativa, Ausubel (1963) recomenda o uso de *organizadores prévios*. Trata-se de um conjunto de ativadores que se sugerem antes de o assunto ser introduzido e é constituído por conteúdos gerais, familiares ao aluno, e formulados num nível mais elevado de abstração. A sua função é atualizar um quadro de referência em que o aluno integrará a nova informação que lhe será fornecida. Constituem organizadores prévios uma pergunta, uma citação, uma imagem, um filme.

A informação chega ao sujeito por recepção ou por descoberta. Quando o conteúdo chega ao aluno sob a forma final, preparada pelo professor ou encontrada num livro, estamos diante de uma *aprendizagem por recepção*. Numa *aprendizagem por descoberta*, o conteúdo a ser aprendido não é apresentado pelo professor na sua forma final, mas descoberto ou organizado pelo aluno. Os dois métodos implicam processos bastante diferentes e desempenham papéis distintos no desenvolvimento mental, mas não deixam de ser complementares. Se as aprendizagens escolares são adquiridas, em geral, por recepção, a solução dos problemas cotidianos requer processos de descoberta. No entanto, aquilo que se recebe ajuda a pesquisar e as descobertas ajudam a estar de forma diferente na sala de aula. A aprendizagem por recepção, embora aparentemente mais simples, exige maior maturidade cognitiva, devido ao recurso a formas verbais e a formulações abstratas.

Se cruzarmos o modo como a informação é apresentada com a forma como é guardada, podemos listar quatro combinações: *aprendizagem receptiva significativa*, quando a informação já elaborada e fornecida pelo professor é integrada pelo aluno na sua estrutura cognitiva; *aprendizagem receptiva mecânica*, quando a informação é recebida e memorizada; *aprendizagem por descoberta significativa*, quando o aluno organiza a informação e a integra na sua estrutura de modo significativo; *aprendizagem por descoberta mecânica*, quando o aluno, depois de ter preparado ele próprio a informação, resolve memorizá-la.

Ausubel interessa-se apenas pela aprendizagem significativa, quer aconteça por descoberta quer por recepção, excluindo do seu quadro teórico qualquer outro tipo de aprendizagem por condicionamento, por discriminação ou como consequência de habilidades motoras.

JEROME BRUNER E A TEORIA DE INSTRUÇÃO

Bruner é um dos representantes mais autênticos e importantes do movimento cognitivista, sobretudo no âmbito da psicologia da educação. Integra-se na tradição gestaltista quando afirma que a finalidade de todo o ensino é permitir que o aluno compreenda e capte a *estrutura da matéria em estudo* para poder relacioná-la de forma significativa com outros saberes que possui (BRUNER, 1962). Fez parte de um grupo de 35 especialistas, entre cientistas, estudiosos e educadores, que se reuniram durante dez dias, em 1959, em Woodsttole, no Cabo Cod., para discutir a forma como melhorar o ensino das ciências nas escolas primárias e secundárias nos Estados Unidos. A questão levantada, como dar ao aluno a compreensão das ideias fundamentais de uma dada disciplina, mantém-se atual. No livro *The process of education* (BRUNER, 1962), que relata a experiência, fala-se, entre outros temas relevantes, de uma crise na educação que deve ser superada pela renovação curricular e pela reformulação dos métodos de ensino.

Para resolver a primeira, sugere-se que os currículos devem preocupar-se em fornecer ao aluno a compreensão das ideias fundamentais da disciplina. Aprender a estrutura é aprender como as coisas se relacionam, é captar os princípios gerais e fundamentais, é garantir que a informação menos relevante não seja esquecida com o tempo, já que a pesquisa em psicologia confirma que os pormenores se conservam na memória desde que colocados dentro de um padrão estruturado (BRUNER, 1962). Introduz-se também o conceito de *prontidão* para falar da sua concepção de desenvolvimento cognitivo. Em cada etapa do seu desenvolvimento, o sujeito tem uma forma peculiar de conceber o mundo e de explicá-lo, pelo que o ensino deve adaptar os conceitos relativos a um determinado tema ao modo de entendimento do receptor. São três os *estágios de desenvolvimento*: representação ativa, representação icônica e representação simbólica.

No estágio de *representação ativa*, que vai até a entrada na escola (0-6 anos), a criança aprende agindo e desenvolvendo hábitos que lhe permitem resolver alguns problemas simples. A atividade mental, por falta de reversibilidade, consiste em estabelecer relações entre a experiência e a ação, o que a impede de resolver problemas por meio da manipulação da realidade.

No estágio de *representação icônica*, a criança manipula objetos por meio das imagens com que os representa, relacionando-os entre si. As ações que realiza são interiorizadas e gozam de reversibilidade. Se quisermos comunicar-lhe uma ideia ou um problema, teremos que traduzi-los para a sua linguagem e estrutura interior.

No estágio de *representação simbólica*, a criança recorre a símbolos que lhe permitem codificar, categorizar e organizar o conhecimento, não se limitando ao que experimentou e ao que está diante de si. Pode funcionar com proposições hipotéticas e deduzir relações muito antes da experimentação.

O mais importante na educação, segundo Bruner (1962), é adequar o ensino ao modo de representação do sujeito, o que permite organizar um *currículo em espiral*. O desenvolvimento é consequência da estrutura de conhecimentos do aprendiz e da sua capacidade de interpretar os estímulos do meio, não dependendo do fator idade. Por isso, para Bruner (1962), tudo pode ser ensinado com eficiência em qualquer idade, desde que veiculado de forma correta. A linguagem é um instrumento privilegiado que permite a passagem progressiva do pensamento concreto ao abstrato.

O autor atribui grande importância à *descoberta* como forma de envolver os alunos no seu processo de ensino-aprendizagem. Nem sempre é viável, na sua verdadeira acepção, por uma questão de economia de tempo ou pelo assunto em causa. Há matérias que merecem ser memorizadas, mas a aprendizagem, para ser significativa, beneficiará a descoberta efetiva, reforçando a motivação intrínseca, os níveis de aspiração, o autoconceito. Uma das formas de convidar os alunos a descobrir é introduzir dúvidas e perguntas que os levem a intuir ou atingir as soluções com base nos conhecimentos que já possuem. As respostas e as soluções encontradas por essa via aumentam o grau de compreensão, que ultrapassa a recepção e a memorização, permitindo também ao aluno o tempo necessário para consolidação da informação.

Alguns anos mais tarde, Bruner (1966) propôs uma *teoria de instrução* que pretendia ensinar a ensinar, porque considerava que as teorias de aprendizagem eram insuficientes para orientar os professores na sua atividade de sala da aula. Se as teorias de aprendizagem são descritivas porque refletem no que aconteceu depois de ter acontecido, uma teoria de instrução é prescritiva, apresenta um conjunto de regras a seguir para que a intervenção do educador e a atividade do aluno atinjam os seus objetivos. Essa teoria assenta em quatro *princípios fundamentais*: motivação, estrutura, sequência e reforço.

MOTIVAÇÃO

Devem-se especificar as experiências que desencadeiam no sujeito uma predisposição para aprender. Há nas crianças uma necessidade intrínseca para tal, mas essa orientação é afetada por variáveis de natureza cultural, motivacional e pessoal. A classe social de pertença determina disponibilidades diferentes ante a atividade intelectual que interferem no uso da mente; algumas tradições culturais estimulam mais a aprender do que outras. O processo de educação é, por isso, essencialmente social, marcado pela inter-relação professor-aluno e aluno-alunos; uma teoria de instrução deve equacionar como atingir objetivos instrucionais a partir de um determinado padrão cultural, recorrendo à exploração de alternativas, normalmente utilizada na resolução de problemas, garantia de uma motivação para a aprendizagem em longo prazo. O autor enuncia três *fases do processo motivacional*: ativação, manutenção e direção.

• *Ativação*: uma das formas de ativar a exploração de alternativas é introduzir um certo grau de incerteza na realização da tarefa. A curiosidade é um ótimo incentivo para a incerteza e a ambiguidade. Uma tarefa rotineira provoca reduzido desejo de experimentar alternativas; pelo contrário, uma tarefa demasiado difícil provoca ansiedade e confusão e reduz a exploração.

• *Manutenção*: uma vez desencadeada, a atividade de exploração deve ser mantida. Atinge-se um nível ótimo quando os alunos sentem que os benefícios são superiores aos riscos de exploração. Numa instrução correta, a aprendizagem, guiada pelo professor, deve representar menos riscos que uma exploração feita isoladamente.

• *Direção*: a exploração exige orientação para uma finalidade. A sua direção depende da percepção dos objetivos da tarefa e da relevância das alternativas já testadas para atingi-los; assim a atividade exige que a criança seja informada sobre o seu percurso perante os objetivos propostos.

Estrutura

Qualquer ideia, problema ou corpo de conhecimentos pode ser organizado e apresentado de forma simples de modo a ser compreendido por qualquer aluno. A estrutura deve levar em conta três *princípios*, afetando cada um deles, à sua maneira, a aprendizagem do aluno: modo, economia e poder de representação.

• *Modo de representação*: qualquer domínio de conhecimento pode ser representado de três maneiras: por ações que atinjam um determinado resultado (representação ativa); por imagens ou gráficos (representação icônica); por um conjunto de recursos simbólicos ou proposições lógicas regulados por regras de formação e transformação (representação simbólica). Tanto as ações como as representações e os símbolos variam em dificuldade e utilidade conforme a idade, a cultura ou o estilo cognitivo do sujeito, bem como o domínio de conhecimento em questão.

• *Economia de representação*: diz respeito à quantidade de informação que o sujeito pode reter na mente de forma a processá-la e compreendê-la. Quanto mais itens de informação forem necessários para compreender alguma coisa ou para resolver um problema, quanto mais passos forem necessários para processar uma determinada informação para extrair uma conclusão, menor será a economia. A economia depende também do modo de representação escolhido e do rigor da sequencialização.

• *Poder de representação*: o poder de uma estruturação está associado à capacidade de gerar novas proposições a partir do que é aprendido. Pode ser descrito igualmente como a capacidade que a estrutura confere de relacionar assuntos, à primeira vista, separados.

Sequência

O objetivo de toda instrução é conduzir o aluno através de proposições, veiculando informação com uma determinada sequência para atingir os conhecimentos ou a compreensão do problema e aumentando a sua capacidade de alcançar, transformar e transferir o que aprende. A sequencialidade facilita o domínio do tema, mas não pode ser vista como rígida porque depende de muitos fatores, inclusive de diferenças individuais, de aprendizagens anteriores, do estágio de desenvolvimento. A sequencialidade dos estágios de desenvolvimento fornece igualmente indicações pertinentes para a escolha dos modos de representação. A escolha de sequências também deve considerar a exploração das alternativas; para manter o interesse, torna-se conveniente equilibrar a incerteza e a tensão necessárias para motivar um comportamento de solução de problemas.

Reforço

Uma atividade de aprendizagem é igualmente orientada pelo conhecimento dos resultados. O processo de instrução deve assegurar uma informação positiva ou uma correção no tempo certo. Tanto a aprendizagem quanto a solução de problemas podem ser divididas por fases, e a informação de avaliação deve respeitá-las. Para além da oportunidade no tempo, o reforço deve ser dado de forma que o aluno o entenda sem ambiguidades. Uma vez que um dos objetivos do processo de instrução é a crescente autonomia do aluno, o professor deve orientá-lo para assumir gradualmente a sua autocorreção.

CONCLUSÃO

As aprendizagens que hoje são propostas a diversos níveis do ensino são formulações de descobertas, relatos e elaborações que levaram anos para constituírem-se como corpo de conhecimentos. No passado, foram organizadas em *disciplinas autônomas* que faziam parte dos currículos escolares, e, por vezes, incrementou-se uma aprendizagem de tipo cumulativo para cada uma delas. Atualmente, fala-se da visão parcial por elas veiculada e apela-se para um conhecimento cada vez mais holístico e integrado. Dado que é impossível acumular toda a informação disponível, o desenvolvimento harmonioso e equilibrado do cidadão comum ou do especialista recomenda que lhes seja oferecido um núcleo de conhecimentos fundamentais e estruturantes, com possibilidade de serem integrados numa organização mental com dinâmica interna de adaptação e reformulação.

Nessa proposta, compete ao aluno orientar a sua vontade de aprender, com base nas suas potencialidades e aptidões, concentrando a sua atenção e os seus esforços em tarefas fundamentais, sem descuidar da familiaridade com os códigos simbólicos que veiculam a informação nem do contato permanente com formulações abstratas, de modo a construir a sua estrutura do saber e do saber fazer de forma organizada, clara e significativa.

Cabe ao professor, como mediador entre a comunidade, os saberes e o aluno, dominar a estrutura dos conteúdos, estar atento à estrutura do sujeito, considerar as expectativas da comunidade em que se integra e escolher a forma mais adequada para a comunicação pedagógica.

REFERÊNCIAS

ALMEIDA, L. *Cognição e aprendizagem escolar*. Porto: Aport, 1991.

ANDERSON, J. R. *Language, memory and thought*. Hillsdale: Lawrence Erlbaum Associates, 1976.

_____. *The architecture of cognition*. Cambridge: Harvard University Press, 1983.

_____. *Cognitive psychology and its implications*. 3. ed. New York: W. H. Freeman & Company, 1990.

ARENDS, R. *Aprender a ensinar*. Lisboa: McGraw-Hill, 1995.

AUSUBEL, D. P. *The psychology of meaningful verbal learning*. New York: Grune & Stratton, 1963.

AUSUBEL, D. P.; NOVAK, J. D.; HANESIAN, H. *Psicologia educacional*. Rio de Janeiro: Interamericana, 1980.

BIGGE, M. L. *Teorias de aprendizagem para professores*. São Paulo: EPU, 1977.

BRUNER, J. S. *The process of education*. Cambridge: Harvard University Press, 1962.

_____. *Toward a theory of instruction*. Cambridge: Harvard University Press, 1966.

_____. *Actual minds, possible worlds*. Cambridge: Harvard University Press, 1987.

DOLLE, J. M. *Para compreender Jean Piaget*. Rio de Janeiro: Zahar, 1975.

GAGNÉ, E. D.; YEKOVICH, C. W.; YEKOVICH, F. R. *The cognitive psychology of school learning*. New York: Harper Collins College, 1963.

GIORDAN, A. *Apprendre!* Paris: Editions Belin, 1998.

MILLER, G. A. The magical number seven plus minus two: Some limits on our capacity for processing information. *Psychological Review*, n. 63, p. 81-97, 1956.

NOT, L. *Ensinar e fazer aprender*. Rio Tinto: ASA, 1991.

NOVAK, J. D.; GOWIN, D. *Aprendiendo a aprender*. Barcelona: Ediciones Martinez Roca, 1988.

PIAGET, J. *O nascimento da inteligência na criança*. Rio de Janeiro: Zahar, 1977.

SPRINTHALL, N. A.; SPRINTHALL, R. C. *Psicologia educacional*. Lisboa: McGraw-Hill, 1994.

DOCÊNCIA E AUTORIDADE NO ENSINO SUPERIOR:
uma introdução ao debate

MARIA LUCIA VASCONCELOS*

> A educação deve estimular a opção e afirmar
> o homem como homem.
> Adaptar é acomodar, não transformar
> (FREIRE, 1983, p. 320).

O termo *autoridade* é bastante genérico, abrangendo, segundo Abbagnano (2000, p. 98), não apenas o poder político, mas também se estendendo a outras formas de poder de controle coletivo ou individual de opiniões e de comportamentos, exercido sobre um indivíduo ou sobre um grupo de indivíduos.

A autoridade, quase sempre, nasce da necessidade de se atribuir a um indivíduo ou a um grupo de indivíduos o poder hierárquico para gerir os assuntos públicos ou privados, visando ao bem-estar de um determinado grupo ou sociedade. No entanto, se essa é a sua causa, como efeito, o que muito se constata é que aquele ou aqueles que são investidos (às vezes, até mesmo de modo legítimo) de autoridade abusam desse *status* adquirido, transformando a autoridade em domínio, controle, prepotência e, infelizmente com frequência muito maior do que se possa

---

* Doutora em Educação pela Universidade de São Paulo (USP) e em Administração pela Universidade Presbiteriana Mackenzie (UPM). Professora titular do Programa de Pós-graduação em Letras da UPM.

imaginar, em justificativa para a utilização da força, quer pelas armas quer pelas leis, a fim de garantir e perpetuar as esferas de ação daqueles a quem foi delegada tal autoridade.

Conforme Hannah Arendt (1968), desde o início do século XX, o mundo vem se deparando com um processo de alternância entre o liberalismo – que, segundo ela, mede um processo de refluxo de liberdade por acabar sempre defendendo uma determinada classe social e nunca a totalidade dos indivíduos – e o conservadorismo – que, também nas palavras da autora, mede um processo de refluxo de autoridade.

Para essa pensadora, liberalismo e conservadorismo têm mais pontos em comum do que se possa imaginar, numa primeira análise. Com relação à autoridade, por exemplo, ambos concordam com sua necessária presença, por levar as pessoas a obedecer, e, não raras vezes, a força e a violência são utilizadas para esse fim, ou seja, para estabelecer a autoridade naquele momento violada.

No entanto, a autoridade pode significar uma ordem de coisas que pretende (e pode conseguir), mesmo implicando obediência a normas socialmente estabelecidas, levar os indivíduos a manter sua liberdade, ainda que vivendo e convivendo em sociedade, em que os direitos e as liberdades individuais devem respeitar o coletivo.

O conceito de *autoridade* está intimamente ligado ao conceito de *tradição* visto como tendência a agir segundo as regras, os costumes e as leis, usual e previamente conhecidos, utilizando-se dos recursos, dos instrumentais e dos saberes já dominados e dos quais o grupo é depositário. Assim procedendo, os membros de dada sociedade estarão respeitando os direitos de todos e, igualmente, estarão tendo seus direitos respeitados.

A autoridade, segundo Mommsen (apud ARENDT, 1968), é muito mais que um conselho e, igualmente, bem menos que uma ordem;

é algo que não pode ser ignorado sem que se tenha de arcar com os riscos e as consequências dessa deliberada ignorância.

A época moderna, muito menos religiosa e muito mais secular, principalmente no mundo ocidental, afastou do ideário diuturno dos cidadãos a visão obsessiva dos terrores do inferno. Talvez isso tenha ocorrido por essa época ter sido palco de horrores tão grandes, ou maiores, do que aqueles anteriormente imaginados para o inferno (as atrocidades cometidas por Hitler e por Stálin são dois exemplos, aos quais podemos hoje acrescentar o ataque terrorista às Torres Gêmeas de Nova York, ocorrido no primeiro ano do século XXI).

Sem a preocupação de detalhar de forma exaustiva essa questão no presente texto, tendemos a afirmar, assim como alguns autores, que a perda da crença em existências futuras é politicamente, se não espiritualmente, a distinção mais significativa entre o presente período (séculos XX e XXI) e os séculos precedentes. E ousamos afirmar que essa perda é definitiva.

Não importa quão religioso o mundo possa voltar a ser, ou quanta fé autêntica ainda exista, ou, ainda, quão profundamente nossos valores morais possam se enraizar nos sistemas religiosos existentes ou possam vir a existir; o medo do inferno não está mais entre os motivos que impediriam ou estimulariam as ações da massa. A violência e a crueldade humanas minimizaram ou até mesmo banalizaram as atrocidades que poderiam ser imaginadas para o inferno.

Nessa direção, está o alerta de Adorno (1995), ao afirmar que a educação só tem sentido quando dirigida à "autorreflexão crítica", e que a primeira de todas as tarefas da educação deve ser a revisão dos erros perpetrados pelo nazismo e tudo de nefasto e desumano que ele produziu, e ainda pode vir a produzir, pois não podemos deixar de considerar que aquela e tantas outras formas de autoritarismo são fruto da própria civilização que gera, ela mesma, o que é anticivilizatório. É necessário discutir para buscarmos as mais diferentes formas de conscientização, a fim de que tais erros do passado não sejam cometidos novamente – uma vez que é possível ao ser humano aprender com sua própria história.

A AUTORIDADE E O PAPEL DOCENTE

Segundo Mucchielli (1979), a autoridade somente poderá ser exercida na relação com o outro, com aquele ou aqueles sobre quem se quer exercer influência, que se pretende dirigir, influenciar opiniões, comportamentos, decisões.

A ideia de autoridade, com frequência, leva-nos a pensar em outros conceitos, como o de poder, força, hegemonia, comando, hierarquia, prestígio, influência, governo ou, ainda, ideias afins. No entanto, a ausência de autoridade carrega consigo alguns conceitos, como o de anarquia, acefalia, tolerância, frouxidão, desgoverno, desregramento, indisciplina, desobediência, entre tantos outros.

Vários são os fatores que podem levar o professor a rejeitar a ideia de exercer sua autoridade em sala de aula. O que nos parece o principal desses motivos é o temor de ser considerado autoritário, no sentido do exercício do autoritarismo, do abuso do poder, da severidade, da tirania, da inflexibilidade.

Os professores de hoje, formados, em sua maioria, pela escola tradicional, hierárquica e fortemente disciplinadora, querem fugir do padrão de grande parte de seus antigos mestres, e o exercício da autoridade sempre tende a parecer-lhes uma volta perigosa ao antigo padrão educacional. No entanto, esses conceitos devem ser analisados com cautela, para que os professores não deixem de assumir responsabilidades que são inerentes ao papel profissional que exercem, por receio de uma eventual má interpretação de suas atitudes.

Segundo Paulo Freire (1997), os professores ainda não resolveram o problema de tensão entre a autoridade e a liberdade. Na tentativa de afastarem-se da tradição autoritária, marcante e tão próxima na história de nosso país, acabam por resvalar no que o autor chama de "formas licenciosas de comportamento", ou seja, o professor exime-se de sua tarefa de organizador dos trabalhos a serem desenvolvidos em sala de aula, deixando tal tarefa ao sabor da própria turma. Todavia, há uma tendência a se considerar qualquer forma de exercício de autoridade, mesmo que legitimamente constituída, como autoritarismo.

A autoridade, vista como algo externo ao grupo social em que ela se efetiva, arbitrariamente imposta a muitos pela vontade de poucos, exercida sem limites claros do que pode ou não ser feito em seu nome, não é autoridade legítima; é expressão de autoritarismo.

O autoritarismo, o exercício hiperbólico da autoridade, é forma de opressão, de tirania, é exercido pela força, seja ela física (violência) ou psicológica (coerção). É uma relação que causa dependência e submissão, impedindo o pleno desenvolvimento do indivíduo ou do grupo, pois não há espaço para a inovação, para o diálogo questionador, para a curiosidade ou para a criatividade individual. O professor, que é, inclusive, o responsável pela aprovação ou não de seus alunos por meio do processo de avaliação, deve estar muito consciente de seu papel para não se tornar um indivíduo autoritário, arrogante, impositivo.

Na escola tradicional, eminentemente hierárquica e que ainda sobrevive entre nós, mesmo que um pouco modificada e sob uma tênue capa de modernidade, o professor despreocupa-se com a aprendizagem de seus alunos, encarados como meros coadjuvantes de uma cena na qual ele se considera (e é considerado) o protagonista. Assim pensando, o professor passa a centralizar as funções exercidas em si mesmo. Ao aluno, cabe tão somente o papel de mero receptor de informações, as quais são previamente selecionadas pelo professor e verticalmente transmitidas ao aluno, sem que se espere desse aluno questionamentos ou reelaborações e, na quase totalidade das vezes, sem que, ao menos, tenha tido qualquer compreensão do conteúdo que lhe foi, literalmente, repassado, imposto. Entre o professor e seus alunos há um fosso por poucos transponível.

Nesse contexto, a curiosidade é inibida, a sugestão não existe. A mesmice de técnicas didáticas e planos de ensino, infinitamente reproduzidos ao longo do tempo, não leva em consideração a individualidade do aprendiz; a diversidade social, econômica, étnica, religiosa ou racial de sua turma; ou ainda a especificidade de cada turma, as demandas e as exigências sociais sempre cambiantes. Cabe aqui a utilização da expressão freiriana, que denomina esse tipo de educação de "educação bancária", em que o coletivo é absurdamente ignorado, o diálogo não encontra seu espaço e a construção do novo não é considerada tarefa da escola.

O professor, então instalado no centro do processo educacional, sente-se valorizado e respeitado, quando, na verdade, é apenas temido. O autoritarismo do professor provoca subserviência, medo e ansiedade no grupo discente. Esse docente ignora o aspecto formador do processo educativo, transformando-o em simples adestramento/treinamento, claramente favorável à manutenção da ordem social estabelecida.

Nesse modelo, em que a hierarquia é traço marcante, como consequência da pouca valorização dada ao aluno, é comum termos o professor coercitivo que recorre, com frequência, à opressão psicológica ao ameaçar seu aluno com a avaliação e a decorrente provável reprovação, ou diminuindo-o em seu saber e potencialidade ao fazê-lo acreditar que sua dificuldade e/ou seu desinteresse em sala de aula sejam fruto exclusivo de sua incapacidade.

> Sugere [o professor] uma estrutura constituinte do mutismo ante a força esmagadora de "situações-limites", em face das quais o óbvio é a adaptação (FREIRE, 2001, p. 98).

No entanto, a atitude opressora, quando levada a extremos por esse tipo de docente, pode provocar nos educandos reações (para o professor inesperadas) de agressividade, de rebeldia e de indisciplina, com as quais, justamente por seu autoritarismo, por certo ele não estará apto a lidar e, por essa mesma razão, acabará forçosamente por reforçar, ainda mais, suas estratégias de repressão na busca das condições de domesticação, por ele e pelo grupo que ele representa, consideradas ideais.

Na escola de hoje, entretanto, quando o foco necessariamente muda de posição e o aluno passa a ser considerado o centro do processo educacional – processo agora não mais visto como atitude de ensino apenas, mas como um processo de ensino-aprendizagem –, muitos docentes, sem saber bem como desempenhar esse novo papel, acabam por sentir-se, literalmente, desamparados. Ao buscarem afinidade com as novas tendências pedagógicas, afastam-se do papel de meros informadores e buscam a aproximação da figura do professor-facilitador, mais próximo de seus alunos e aberto ao diálogo, papel para o qual, muitas vezes, não se sentem (e efetivamente não estão) preparados.

É nesse processo que costuma surgir a figura do professor *laissez-faire* que, para fugir do papel autoritário, cai na armadilha oposta, fugindo da responsabilidade (absolutamente inerente ao papel de professor) por considerar como vigentes algumas das decisões a serem tomadas, que são delegadas ao "consenso" do grupo. Este, por sua vez, certamente não está preparado para assumir responsabilidades que, em tese, seriam do professor, gestor natural do processo de ensino-aprendizagem, quando levado a efeito no seguimento da educação formal, institucionalizada.

Embora complementares, os papéis de professor e de aluno são marcadamente distintos. E, apesar do processo democrático que hoje queremos ver instalado na sala de aula, o professor não pode desvincular-se das características específicas de seu papel profissional: o de organizador do espaço sala de aula; conhecedor dos objetivos e dos conteúdos da disciplina com a qual trabalha; responsável pelas técnicas mais adequadas para o correto desenvolvimento dos trabalhos didáticos; planejador das atividades discentes em sala de aula; avaliador continuado de todo esse processo; e muitas outras características mais.

Já os discentes, esperam que o professor esteja apto para desempenhar um papel diferente do seu. Com ética, clareza de propósitos, constância de atitudes, competência técnica e, principalmente, capacidade para dialogar, o docente saberá como exercer seu papel profissional com autoridade (legítima e legitimada), respeitando todos os seus alunos, estimulando-os à análise crítica dos conhecimentos que lhes forem sendo apresentados e atendendo, ao dar espaço e voz ao alunado, às específicas necessidades e anseios de cada uma de suas turmas.

As palavras-chave para esse professor são *diálogo* e *comprometimento*. O diálogo permite a oposição de ideias, mas que, por isso mesmo, estabelece uma comunicação efetiva, em que alunos e docente têm o mesmo direito à iniciativa, à dúvida, à contraposição de argumentos; em que, juntos, constroem o trabalho educacional e juntos aprendem. Quanto ao comprometimento, trata-se da condição para que o professor se conscientize de sua importância e assuma sua responsabilidade como educador, tomando para si, com maturidade e equilíbrio, as responsabilidades que lhe cabem.

A inserção do diálogo em sala de aula é uma atitude/atividade instigadora e motivadora que leva à conscientização. Ao ter oportunidade de expor suas ideias aos demais colegas, cada aluno reflete, previamente, sobre elas, buscando encontrar a melhor maneira de argumentar e de dialogar. Por sua vez, os demais alunos, ao ouvi-lo, também são levados a refletir para, então, apresentarem suas contra-argumentações; afinal, o diálogo é dialético, e a escola, o local para que a aprendizagem seja construída individualmente, porém com o auxílio do coletivo, no contato com o outro.

Não podemos, neste ponto, deixar de ressaltar que a consciência de si mesmo e do mundo onde se vive é formada no e pelo ser humano sempre na coletividade, na interação dialógica com os outros que integram seu grupo social e seu mundo, daí a importância do professor em todo esse processo. Um professor que se beneficie dos efeitos negativos, porém domesticadores, da pressão psicológica e que, por ser autoritário, considera que pode exercer poder sobre seus discentes estará prejudicando seus alunos não só no ato de aprender, mas principalmente na formação da própria consciência que eles terão de si mesmos, de seu mundo e das possibilidades de interação com esse mundo.

A INDISCIPLINA COMO FATOR DESENCADEADOR DO AUTORITARISMO

Em todos os níveis de ensino, mesmo na universidade, são comuns e frequentes as queixas de professores, assustados com a indisciplina, o desinteresse, a indiferença e, até mesmo, a alienação de suas turmas. Na sala dos professores, entre perplexos e igualmente desmotivados, os docentes trocam ideias e levantam possíveis motivos para a ocorrência de tal fato:

- Falta de noção de limites por parte dos alunos?
- Salas excessivamente numerosas?
- Precariedade das instalações e dos recursos didáticos?
- Professores extenuados por jornadas de trabalho extensas, cumpridas em diversas escolas?
- Ensinos fundamental e médio de qualidade inferior a cada ano que passa?
- Ausência da família no papel de primeira educadora de seus filhos?
- Excesso de solicitações por parte da vida social dos jovens, assediados por uma onda consumista cada vez mais envolvente?
- Educação formal não mais como um valor agregado à formação do indivíduo, na medida em que aumenta o número de profissionais graduados sem emprego?
- Mídia que não colabora para difundir os valores educacionais?
- Todas as alternativas anteriores e muitas outras que se possam listar?

Com certeza, um pouco de tudo. As famílias do mundo atual não mais exercem, com a firmeza requerida, a presença qualitativa e a atenção necessárias, seu papel de responsáveis primeiras pela educação de seus filhos, desde a mais tenra idade, papel esse que deveria perdurar mesmo depois que a criança começasse a frequentar uma escola. Ao contrário, a maior parte das famílias pretende delegar esse papel para a escola, que não tem condição de supri-lo (até porque essa não é sua efetiva competência).

Vive-se um novo momento histórico e sociocultural; as mulheres foram levadas a integrar (por desejo ou necessidade), em um número bastante significativo e cada vez mais crescente, o mercado de trabalho, deixando, assim, de ser exclusivamente "mães e donas de casa", responsáveis, quase exclusivas, pela formação dos filhos, os quais são entregues, cada vez mais cedo, à escola ou deixados sob os cuidados de terceiros. Os conceitos de *valores* e *limites*, até então tradicionalmente aceitos, foram substantivamente alterados. Educa-se hoje de uma forma absolutamente distinta, peculiar à época na qual se vive. Repentinamente, então, escolas, professores e alunos viram-se diante de uma nova realidade à qual devem, com urgência, adaptar-se para continuar cumprindo com as expectativas sociais referentes à educação formal.

A qualidade do ensino brasileiro está longe de ser, minimamente, ideal. As condições para o exercício do trabalho docente são precárias, e seus problemas, variados. Estes começam com a própria desvalorização do papel profissional do professor. Mal remunerado, ele vê-se obrigado a exercer suas atividades em diversos períodos e múltiplos empregos; somando-se a isso, há muitas situações desfavoráveis, nas quais o professor encontra-se diante de condições de trabalho impraticáveis, como turmas excessivamente numerosas, falta de equipamento mínimo necessário a uma boa aula, horários de aula desfavoráveis, entre outros problemas.

O aluno, por seu turno, não raras vezes desconhece qualquer noção de limite, uma vez que, primeiro em sua casa e depois em sua escola, tais limites nunca lhe foram claramente demarcados e quase tudo lhe foi permitido. Além disso, a escola não lhe parece suficientemente interessante se comparada à hipermídia em seu cotidiano.

O sistema capitalista e a influência da mídia na sociedade contemporânea transformaram o consumo em valor maior. As pessoas são consideradas muito mais por aquilo que podem ter e pagar do que por seus reais valores éticos e morais. A ânsia do ter para igualar-se ao grupo é uma importante demanda que, precocemente, crianças e jovens deste mundo enfrentam hoje. Questão agravada pelo querer mais constante, insaciável diante das novidades que o mercado oferece, em variedade cada vez maior, diuturnamente.

E por aí poderíamos seguir caminhando e citar uma ampla lista de responsáveis, todos, no entanto, externos e alheios aos professores desses jovens, que são julgados pelos docentes nas escolas como os principais (se não únicos) causadores das dificuldades hoje impostas ao processo de ensino-aprendizagem.

Reclamar tem sido a mais comum das atitudes entre os docentes de todos os níveis de ensino. No entanto, de que lhes serve essa atitude de autopiedade senão para diminuir ainda mais seu ânimo, seu envolvimento e, principalmente, sua autoestima? Tais atitudes levam à inação frustrante, encaminhando professores e alunos a uma situação de impasse em que nenhum dos atores dessa cena consegue vislumbrar sequer uma alternativa para redimensionar e revitalizar essa relação.

O que nos parece é que o professor perdeu a noção da verdadeira importância social de seu papel profissional. O professor esqueceu-se de que é na instituição escolar que a criança é alfabetizada, e a partir daí terá condições de "ler" o mundo e comunicar-se com ele: dominar a palavra para "ser" no e para o mundo.

> Existir humanamente é pronunciar o mundo, é modificá-lo. O mundo pronunciado, por sua vez, se volta problematizado aos sujeitos pronunciantes, a exigir deles novo pronunciar (FREIRE, 2001, p. 78).

Ainda ao longo dos diversos anos de escolaridade, esse contato com a palavra passa a ser analítico, crítico e transformador do conhecimento já produzido e da sociedade com a qual convive e está em constante interação. A atividade discursiva é que identifica homens e mulheres como sujeitos em toda e qualquer relação com o outro; é pelo discurso que o sujeito adquire sua identidade. É isso que o diferencia de qualquer outro sujeito com quem interage. O professor não pode diminuir a importância de um discurso claro e bem articulado para estar no e com o mundo de seus alunos, ativamente; afinal, "todo sistema de educação é uma maneira política de manter ou de modificar a apropriação dos discursos com os saberes e os poderes que trazem consigo" (FOUCAULT, 1998, p. 44).

> Com a palavra, o homem se faz homem. Ao dizer a sua palavra, pois, o homem assume conscientemente sua essencial condição humana. E o método que lhe propicia essa aprendizagem; comensura-se ao homem todo, e seus princípios fundam toda pedagogia, desde a alfabetização até os mais altos níveis do labor universitário (FIORI, 2001, p. 13).

O professor também se esqueceu da necessidade indispensável de atualizar-se constantemente, negligenciou esse aspecto ou descomprometeu-se com ele, para acompanhar os novos alunos que chegam anualmente, tão diferentes entre si, nas novas turmas, porque a sociedade muda, o mundo muda, as crianças, os jovens e os adultos mudam. Portanto, também deve mudar o professor.

Desapaixonou-se ele da tarefa de formar gerações melhores, mais envolvidas e atuantes, para um país tão desigual e que precisa de tantas melhorias? Burocratizou-se? Alienou-se?

Permitiu que matassem nele a *utopia* de se saber um agente de transformação da sociedade, esquecendo-se de que é dessa utopia que se alimenta o verdadeiro educador?

Como dito anteriormente, grande parte da atual geração de professores teme repetir o modelo autoritário de educação sob o qual foram educados e, ausentando-se do próprio papel docente, de coordenador do espaço sala de aula, permite que a indisciplina ou o autoritarismo se instalem, prejudicando, assim, a produtividade e a própria razão de ser do contexto pedagógico.

No processo educativo, é preciso deixar suficientemente claras aos alunos as regras do grupo, da sala de aula, assim como as normas institucionais existentes. As primeiras podem ser, após analisadas pelo grupo sob a orientação do professor, até mesmo alteradas. As segundas devem ser, no mínimo, clara e objetivamente justificadas pelo docente, para que, uma vez esclarecidas suas razões, possam ser, então, conscientemente cumpridas, porque aceitas suas razões e finalidades.

Dependendo do nível de maturidade da turma, todas ou algumas das normas internas à sala de aula podem ser discutidas entre alunos e professor, desde que as regras institucionais, já previamente definidas, não sejam ignoradas e desde que o professor atue como moderador nessa discussão, tornando claros os limites necessários à consecução dos objetivos educacionais voltados para a aprendizagem, que, afinal, se não o são, deveriam ser conhecidas e comuns a todos.

A questão dos limites deve ser posta em nome de uma convivência harmônica e equilibrada, e até mesmo em nome da liberdade de cada um e de todos. É para isso, afinal, que a autoridade é constituída e legitimada.

É de Paulo Freire (1997, p. 118) a afirmação: "sem limites, a liberdade se perverte em licença e a autoridade em autoritarismo". São os limites que regularão os comportamentos mais adequados ao grupo como um todo, permitindo que o trabalho pedagógico desenvolva-se com a produtividade requerida. São os limites que garantem a própria liberdade.

Retomando Paulo Freire (1997), temos que o grande problema que se coloca ao educador ou à educadora de opção democrática é como trabalhar no sentido de possibilitar que a necessidade do limite seja assumida eticamente pela liberdade. Quanto mais criticamente a liberdade assumir o limite necessário, tanto mais autoridade ela terá, eticamente falando, para continuar lutando em seu nome.

Para o professor tornar efetiva

> [...] a sua atuação profissional enquanto docente, não há como ignorar o fato de que o centro de toda e qualquer ação didático-pedagógica está sempre no aluno e, mais precisamente, na aprendizagem que esse aluno venha a realizar (VASCONCELOS, 2000, p. 22).

No desempenho adequado do papel de professor, o que não se pode deixar de cumprir são as funções inerentes ao exercício de uma docência produtiva:

- dar ao aluno o conhecimento de seus limites e fazer cumprir as regras previamente estabelecidas;
- selecionar os conteúdos que serão desenvolvidos em cada período (mesmo que algumas alterações sejam, por sugestão dos próprios alunos, introduzidas);
- apresentar aos alunos a programação da disciplina, incluindo as formas de avaliação por ele privilegiadas, avaliação esta que deve ser contínua, visando a proporcionar eventuais correções de rumo tanto por parte dos alunos como do professor;
- planejar as aulas, prevendo técnicas, materiais e conteúdos;
- ouvir os discentes e acatar, quando adequadas, as sugestões

por eles oferecidas, justificando quando não for aceitá-las;

- considerar as experiências específicas dos alunos, incorporá-las ao conteúdo da disciplina, lembrando-se de que a significação é um dos requisitos para que a aprendizagem seja efetivada;
- ser competente e atualizado, tanto no domínio do conteúdo a ser ministrado como nas formas de apresentá-lo;
- não hesitar diante de situações que exijam sua firmeza e decisão;
- e, acima de tudo, não esquecer que o aluno é seu parceiro e, como tal, tem voz no desenvolvimento de seu curso, dando-lhe ritmo próprio.

REFERÊNCIAS

ABBAGNANO, N. *Dicionário de filosofia*. São Paulo: Martins Fontes, 2000.

ADORNO, T. *Educação e emancipação*. São Paulo: Paz e Terra, 1995.

ARENDT, H. *Entre o passado e o futuro*. 4. ed. São Paulo: Perspectiva, 1968.

FIORI, E. M. Aprender a dizer a sua palavra. In: FREIRE, P. *Pedagogia do oprimido*. 30. ed. São Paulo: Paz e Terra, 2001.

FOUCAULT, M. *A ordem do discurso*. 4. ed. São Paulo: Loyola, 1998.

FREIRE, P. *Educação e mudança*. Rio de Janeiro: Paz e Terra, 1983.

_____. *Pedagogia da autonomia*: saberes necessários à prática educativa. São Paulo: Paz e Terra, 1997.

_____. *Pedagogia do oprimido*. 30. ed. São Paulo: Paz e Terra, 2001.

MUCCHIELLI, R. *Psicologia da relação de autoridade*. São Paulo: Martins Fontes, 1979.

VASCONCELOS, M. L. M. C. *A formação do professor do ensino superior*. 2. ed. São Paulo: Pioneira, 2000.

4
DOCÊNCIA UNIVERSITÁRIA:
repensando a aula
MARCOS T. MASETTO*

INTRODUÇÃO

Em geral, nós, professores universitários, consumimos grande parte do tempo de nossas atividades em sala de aula e, ao menos teoricamente, estamos sempre a nos interrogar como poderiam ser mais bem aproveitadas essas aulas por nossos alunos. Ao mesmo tempo que nos perguntamos, vem à nossa lembrança um conjunto de técnicas que poderíamos usar, de que ouvimos falar algum dia, mas que não achamos tão importantes quanto o domínio do conteúdo para o exercício da docência. E nossas preocupações costumam se voltar mais uma vez para alguma especialização conteudística.

Ao nos preocuparmos com a melhoria da docência, não podemos nos esquecer de que, por trás do modo de lecionar, existe um paradigma que precisa ser explicitado, analisado, discutido,

---

* Doutor em Educação pela Pontifícia Universidade Católica de São Paulo, com um trabalho pioneiro sobre o professor no ensino superior (1981). Professor titular da Universidade Presbiteriana Mackenzie e da PUC de São Paulo.

a fim de que a partir dele possamos pensar em fazer alterações significativas em nossas aulas.

QUE PARADIGMA É ESSE? COMO ELE SE MANIFESTA?

A grande preocupação no ensino superior é com o próprio ensino, em seu sentido mais comum: o professor entra em aula para transmitir aos alunos informações e experiências consolidadas para ele por meio de seus estudos e atividades profissionais, esperando que o aprendiz as retenha, absorva e reproduza por ocasião dos exames e das provas avaliativas.

Essa preocupação se apoia em três pilares:

- na organização curricular que privilegia disciplinas conteudísticas e técnicas, estanques e fechadas, transmitindo conhecimentos próprios de sua área, nem sempre em consonância com as necessidades e exigências do profissional que se pretende formar naquele curso;
- na constituição de um corpo docente altamente capacitado do ponto de vista profissional, com mestrado e doutorado em sua área de conhecimento, mas nem sempre com competência na área pedagógica, pois o importante para ser professor é dominar com profundidade e atualização os conteúdos que deverão ser transmitidos;
- em uma metodologia que, antes de tudo, deve dar conta de um programa a ser cumprido, em determinado tempo, com a turma toda. Por isso, uma metodologia que esgota 90% das possíveis atividades em aulas expositivas, e a avaliação se realiza como verificação, em determinados

momentos, da apreensão ou não dos conteúdos ou das práticas esperados.

Nesse paradigma, o sujeito do processo é o professor, uma vez que ele ocupa o centro das atividades e das diferentes ações: é ele quem transmite, quem comunica, quem orienta, quem instrui, quem mostra, quem dá a última palavra, quem avalia, quem dá a nota. Sua grande e constante pergunta é: o que devo ensinar aos meus alunos? E o aluno, como aparece? Como o elemento que segue, receptor, assimilador, repetidor. Ele só reage em resposta a alguma ordem ou pergunta do professor.

Pode parecer que exageramos nessa descrição. Mas, se olharmos com objetividade nossas aulas, vamos verificar que acontece, se não tudo, pelo menos grande parte do que aqui descrevemos. Por isso, para repensar a aula é fundamental rever o paradigma que sustenta seu esquema atual e propor outro paradigma. Qual?

O paradigma que propomos é substituir a ênfase no ensino pela ênfase na aprendizagem. Simples troca de palavras? Não.

Quando falamos em aprendizagem, estamos nos referindo ao desenvolvimento de uma pessoa, em nosso caso, de um universitário nos diversos aspectos de sua personalidade, a saber:

- Desenvolvimento de suas capacidades intelectuais, de pensar, de raciocinar, de refletir, de buscar informações, de analisar, de criticar, de argumentar, de dar significado pessoal às novas informações adquiridas, de relacioná-las, de pesquisar e de produzir conhecimento.
- Desenvolvimento de habilidades humanas e profissionais que se esperam de um profissional atualizado: trabalhar em equipe, buscar novas informações, conhecer fontes e

pesquisas, dialogar com profissionais de outras especialidades dentro de sua área e com profissionais de outras áreas que se complementam para a realização de projetos ou atividades em conjunto, comunicar-se em pequenos e grandes grupos, apresentar trabalhos. Quanto às habilidades próprias de cada profissão, embora elas sejam conhecidas dos professores de cada curso e os currículos, em geral, se preocupem com elas, queríamos lembrar que é importante também fazer uma investigação para verificar se, de fato, os currículos permitem que todas as habilidades profissionais tenham espaço para aprendizagem ou se grande parte delas é preterida em função dos conteúdos teóricos.

- Desenvolvimento de atitudes e valores integrantes à vida profissional: a importância da formação continuada, a busca de soluções técnicas que, juntamente com o aspecto tecnológico, contemplem o contexto da população, do meio ambiente, as necessidades da comunidade que será atingida diretamente pela solução técnica ou por suas consequências, as condições culturais, políticas e econômicas da sociedade, os princípios éticos na condução de sua atividade profissional e que estão presentes em toda decisão técnica que se toma. Pretendemos formar um profissional não apenas competente, mas também comprometido com a sociedade em que vive, buscando meios de colaborar com a melhoria da qualidade de vida de seus membros, formar um profissional competente e cidadão.

A ênfase na aprendizagem como paradigma para o ensino superior alterará o papel dos participantes do processo. Ao aprendiz cabe o papel central de sujeito que exerce as ações necessárias para que aconteça sua aprendizagem – buscar as informações, trabalhá-las, produzir um conhecimento, adquirir habilidades, mudar atitudes e adquirir valores. Sem dúvida, essas ações serão realizadas com os outros participantes do processo – os professores e os colegas –, pois a aprendizagem não se faz isoladamente, mas em parceria, em contato com os outros e com o mundo. O professor, por sua vez, terá substituído seu papel exclusivo de transmissor de informações pelo de mediador pedagógico ou de orientador do processo de aprendizagem de seu aluno. Donde sua pergunta agora será: o que meu aluno precisa aprender de todo o conhecimento que tenho e de toda a experiência que tenho vivido para que ele possa desenvolver sua formação profissional? O ângulo é outro. A variação foi de 180 graus.

A docência universitária voltada para a aprendizagem também se apoia nos mesmos três pilares indicados anteriormente, só que agora com outros conteúdos. Assim:

- A organização curricular se apresenta integrando atividades e disciplinas que colaboram para a formação do profissional, com o conhecimento sendo tratado de forma integrada; uma organização curricular aberta, flexível, atualizada, interdisciplinar, facilitando e incentivando os mais diversos modos de integrar teoria e prática, universidade e situações profissionais, disciplinas básicas e as profissionalizantes.
- O corpo docente é formado por professores que, além de serem excelentes profissionais, também são pesquisadores em suas áreas específicas de conhecimento e desenvolvem uma formação continuada com relação à competência pedagógica. Professores que se entendem primeiramente como educadores, que assumem que a aprendizagem se constrói num relacionamento interpessoal dos alunos com outros

colegas, dos alunos com os professores, dos alunos com outros profissionais de sua área, dos alunos com os diferentes locais onde deverão exercer sua atividade profissional. Um corpo docente que assume seu papel de mediador pedagógico entre o conhecimento e seus alunos. Por fim, um corpo docente que entende que a aprendizagem se faz com colaboração, participação dos alunos, respeito mútuo e trabalhos em conjunto.

- A metodologia busca a redefinição dos objetivos da aula e de seu espaço, o uso de técnicas participativas e variadas, e a implantação de um processo de avaliação como *feedback* motivador da aprendizagem.

E quais são as características da aprendizagem no ensino universitário?

- A aprendizagem universitária pressupõe, por parte do aluno, aquisição e domínio de um conjunto de conhecimentos, métodos e técnicas científicas de forma crítica. Também prevê a iniciativa para buscar informações, relacioná-las, conhecer e analisar várias teorias e autores sobre determinado assunto, compará-las, discutir sua aplicação em situações reais com as possíveis consequências para a população, do ponto de vista ambiental, ecológico, social, político e econômico. Faz parte dessa aprendizagem adquirir progressiva autonomia na aquisição de conhecimentos ulteriores, desenvolvendo a própria capacidade de reflexão e a valorização de uma formação continuada, que se inicia já na universidade e se prolongará por toda sua vida. Só que essa valorização não se fará apenas, com advertências mas com atividades que permitam ao aluno aprender como se faz efetivamente essa formação continuada.

- Integrar o processo ensino-aprendizagem com a atividade de pesquisa tanto do aluno como do professor. O aluno começa a se responsabilizar por buscar as informações, aprender a localizá-las, analisá-las, relacionar as novas informações com seus conhecimentos anteriores, dando-lhes significado próprio, redigir conclusões, observar situações de campo e registrá-las, trabalhar com esses dados e procurar chegar à solução de problemas etc.

Dificilmente o aluno incluirá a investigação em seu processo de aprendizagem se o professor também não o fizer em sua atividade de docente: isto é, se o professor não aprender, ele também, a atualizar seus conhecimentos por meio de pesquisas, de leituras, de reflexões pessoais, de participação em congressos.

A produção de artigos e trabalhos que reflitam as reflexões pessoais do professor e suas contribuições para alguns dos assuntos de sua área e que permitam uma comunicação em revistas, capítulos de livros, trabalhos de congressos e apostilas, propiciando um debate e uma crítica de seus pares ou mesmo de seus alunos sobre eles, faz parte integrante da docência preocupada com um processo de ensino-aprendizagem, integrando atividade de pesquisa.

- Para que realmente aconteça, toda aprendizagem precisa ser significativa para o aprendiz, isto é, precisa envolvê-lo como pessoa, considerando suas ideias, inteligência, sentimentos, cultura, profissão, sociedade.

Esse processo exige:

a) que a aprendizagem do novo se faça a partir do universo de conhecimentos, experiências e vivências anteriores dos alunos;

b) que se dê importância a motivar e despertar o interesse do aluno pelas novas aprendizagens com uso de estratégias apropriadas. Muitos entendem que esse aspecto esteja ultrapassado e que no ensino universitário já não tenha sentido falar, e muito menos se preocupar, com a motivação dos alunos, porque já são adultos e a motivação deve partir deles mesmos. Grande engano! Trabalhar com a motivação de aprendizes em qualquer idade e tempo é exigência básica para que a formação continuada possa se efetivar, inclusive conosco. Só aprendemos coisas novas quando apercebemos que elas têm um interesse especial para nós mesmos;

c) que se incentive a formulação de perguntas e questões que, de algum modo, digam respeito ao aprendiz e lhe interessem;

d) que se permita ao aprendiz entrar em contato com situações concretas e práticas de sua profissão e da realidade que o envolve;

e) que o aprendiz assuma o processo de aprendizagem como seu e possa fazer transferências do que aprendeu na universidade para outras situações profissionais.

- O ensino universitário coloca o aprendiz mais em contato com sua realidade profissional. Em geral, a aprendizagem se realiza – mais facilmente e com maior compreensão e retenção – quando acontece nos vários ambientes profissionais, fora da sala de aula, e não nas aulas tradicionais.

- Teoricamente, hoje há um consenso de que "aprender a aprender" é o papel mais importante de qualquer instituição educacional. O que nos parece imprescindível destacar é que "aprender a aprender" é mais do que uma técnica de como se faz. É a capacidade do aprendiz de refletir sobre sua própria experiência de aprender, identificar os procedimentos necessários para aprender suas melhores opções, suas potencialidades e suas limitações.

Essas reflexões iniciais procuraram demonstrar que, para repensarmos nossas aulas, não podemos deixar de analisar e discutir o paradigma que as orientará. Com essas considerações iniciais feitas, podemos aprofundar um pouco mais as demais questões a que nos referimos: espaço "aula" e as diferentes atividades que poderemos realizar para modificá-lo.

CONCEITO DE SALA DE AULA UNIVERSITÁRIA

Tradicionalmente, a sala de aula nos cursos de ensino superior tem se constituído como um espaço físico e um tempo determinado durante o qual o professor transmite seus conhecimentos e suas experiências aos alunos. Poderíamos dizer que se trata de um tempo e espaço privilegiados para uma ação do professor, cabendo ao aluno atividades como "copiar a matéria", ouvir as preleções do mestre, às vezes fazer perguntas, no mais das vezes repetir o que o mestre ensinou. É verdade que temos também as aulas práticas, ora demonstrativas, quando o professor assume o papel de mostrar como é o fenômeno, ora de aplicação de conceitos aprendidos nas aulas teóricas nos laboratórios ou em estágios. Essas são mais raras.

Compreender a aula como espaço e tempo de aprendizagem por parte do aluno modifica completamente esse quadro. Com efeito, a sala de aula é espaço e tempo em que os sujeitos de um processo de aprendizagem (professor e alunos) se encontram para, juntos, realizarem uma série de ações (na verdade, interações), como estudar, ler, discutir e debater, ouvir o professor, consultar e trabalhar na biblioteca, redigir trabalhos, participar de conferências de especialistas, entrevistá-los, fazer perguntas, solucionar dúvidas, orientar trabalhos de investigação e pesquisa, desenvolver diferentes formas de expressão e comunicação, realizar oficinas e trabalhos de campo.

Esse conceito de aula universitária faz com que ela transcenda seu espaço corriqueiro de acontecer: só na universidade. Onde quer que possa haver uma aprendizagem significativa buscando atingir intencionalmente objetivos definidos, aí encontramos uma "aula universitária". Assim, tão importantes quanto a sala de aula, onde se ministram aulas teóricas na universidade, e os laboratórios, onde se realizam as aulas práticas, são os demais espaços onde, por exemplo, se realizam as atividades profissionais daquele estudante: empresas, fábricas, escolas, postos de saúde, hospitais, fóruns, escritórios de advocacia e de administração de empresas, casas de detenção, canteiros de obras, plantações, hortas, pomares, instituições públicas e particulares, laboratórios de informática, ambulatórios, bibliotecas, centros de informação, internet, congressos, seminários, simpósios nacionais e internacionais etc.

Esses "novos" espaços de aula são muito mais motivadores para a aprendizagem dos alunos, muito mais instigantes para o exercício da docência porque envolvem a realidade profissional de ambos e como tal são complexos, facilitam a integração teoria e prática, são imprevistos, exigem inter-relação de disciplinas e especialidades, desenvolvimento de competências e habilidades profissionais, bem como atitudes de ética, política e cidadania. E por essa mesma razão são preferíveis aos espaços tradicionais de aula.

A AULA UNIVERSITÁRIA NO DIA A DIA

Apresentado o paradigma de ensino superior que se volta para o desenvolvimento da aprendizagem e levantadas algumas ideias sobre como conceber, hoje, a "aula universitária em seu novo espaço e tempo", parece-nos necessário avançarmos para um campo que é dos mais difíceis e sobre o qual não dispomos de tanta literatura: como se transpõe essa teoria para a prática pedagógica na aula universitária?

Nos mais diferentes contatos que tivemos com professores do ensino superior, sempre encontramos a mesma demanda: como se colocam esses princípios na prática? Como mudar o modo, a forma de lecionar?

É importante enfrentar esse desafio e procurar responder a essas questões com exemplos práticos do uso de várias técnicas que podem nos ajudar a trabalhar, visando à aprendizagem.

1. Um primeiro exemplo: como iniciar um curso apresentando o *plano de trabalho*, procurando envolver o aluno na discussão do próprio plano e motivá-lo para a aprendizagem necessária?

   No primeiro encontro com os alunos, iniciar o contato deixando claro que o sucesso daquela disciplina vai depender de um trabalho em equipe entre professor e alunos, de parceria e de corresponsabilidade e que irá começar naquele mesmo instante, quando o grupo classe vai procurar se conhecer melhor e se manifestar sobre quais são suas expectativas sobre a disciplina, o que já ouviram falar sobre ela, que comentários de colegas ouviram, o que acreditam que vão estudar e para que serve aquela disciplina.

Quais são nossos objetivos com essa atividade? Criar oportunidade para um início de integração entre os membros da turma visando à formação de um grupo de trabalho e envolver os alunos com a disciplina, criar espaços para podermos explicar nossa disciplina e procurar que eles se interessem por ela. Vamos gastar tempo com isso, mas ganharemos depois quando nossos alunos se mostrarem motivados para aprender o que pretendemos que aprendam.

Para esse primeiro encontro, poderemos usar algumas técnicas como: a *brainstorming* ("tempestade de ideias"), procedimento utilizado para encontrar a solução para um problema por meio de uma série de ideias; as discussões em pequenos grupos; o desenho em grupo (com turmas muito numerosas), quando os pequenos grupos são convidados a colocar em uma cartolina, não usando palavras escritas mas outras formas de comunicação (desenho), suas ideias sobre a disciplina a partir de uma questão relevante que o professor apresente para todos. Em seguida, esses desenhos são apresentados, e o professor vai reunindo, a partir deles, os elementos necessários para sua explicação inicial sobre sua disciplina.

Com os alunos, o professor procurará conversar sobre os objetivos da disciplina, os conteúdos que serão estudados e suas relações com outras disciplinas e com a formação profissional que se pretende, sua importância para a vida profissional, quais estratégias serão usadas, qual a bibliografia e como será o processo de avaliação, de tal modo que, ao final, os alunos assumam com o professor que aquele plano de trabalho realmente é interessante para eles e se comprometam em levá-lo para frente.

A continuidade desse primeiro encontro deverá ser o cumprimento do que foi combinado para o encontro seguinte e os demais, para que os alunos não entendam que o que se fez no encontro primeiro foi apenas uma conversa sem consequência. A confiança se conquista a partir daqui.

2. Outro exemplo: como organizar a sequência de uma aula que coloque o aluno e o professor trabalhando juntos durante o tempo da aula e em tempo extraclasse, de forma a envolver aluno e professor?

Antoni Zabala (1998, p. 58), em seu livro *A prática educativa*, oferece um caminho para analisarmos. Diz o autor que uma sequência de aula poderia ser:

- Apresentação: o professor expõe uma situação problemática relacionada com um tema, destacando aspectos importantes para os quais se procura uma solução científica.
- Procura de respostas: os alunos, individual ou coletivamente e orientados pelo professor, buscam possíveis respostas em seus conhecimentos para a situação ou apresentação de dúvidas, perguntas, questões.
- Indicação de fontes de informação: orientados pelo professor, os alunos propõem fontes de informação mais apropriadas para cada questão e problema levantado, e o professor, uma pesquisa bibliográfica, uma experiência, uma observação, uma visita a uma situação real, uma entrevista, um trabalho de campo.
- Busca da informação: os alunos, individual ou coletivamente e orientados pelo professor, realizam a coleta de dados das diferentes fontes indicadas e selecionadas. Selecionam, organizam e classificam o resultado dessa coleta de dados.
- Resposta para a situação problemática: juntos, os alunos,

socializam as informações obtidas e procuram resolver a questão, debatendo-a com os colegas e com o professor, aprofundando aspectos teóricos e desenvolvendo a habilidade de aplicação das teorias às situações concretas.

- Generalização das conclusões e síntese: com as contribuições do grupo, o professor faz uma síntese do problema, das possíveis e diversas soluções e de suas aplicações.

Evidentemente, esse não é o único esquema de aula. Há muitos outros, e esse mesmo pode sofrer inúmeras adaptações. O que interessa, no momento, é que visualizemos uma sequência de atividades pedagógicas que poderão ocorrer em aula universitária e permitir a participação do aluno como sujeito do processo de aprendizagem, sua parceria com o professor e os colegas na aula, uma atitude de participação ativa buscando informações, dando significado a elas, comparando-as com seu mundo intelectual, num desenvolvimento da habilidade de integrar teoria e prática que lhe permita encontrar solução para uma situação concreta e aprender atitudes e valores importantes a serem considerados quando o aluno estiver atuando profissionalmente.

3. Em geral, costumamos pedir a nossos alunos que façam *leituras em casa* para a próxima aula. Conforme depoimentos dos próprios professores, de um modo geral também os alunos não o fazem. Temos, então, algumas estratégias que mostrem ao aluno quão importante é a leitura individual ou a preparação para o encontro com o professor e os colegas na próxima aula?

Ao fazermos indicações de leituras para a próxima aula, poderemos cuidar para que o tamanho do texto seja possível de ser lido de uma semana para outra (ou de uma aula para outra);

e que o texto seja pertinente e atualizado com relação ao tema estudado; bem como procurar dispor que cada solicitação de leitura seja acompanhada de uma atividade diferente, orientada pelo professor, motivando o aluno para a leitura e para a atividade a ser realizada em aula com o material produzido fora de sala de aula.

Assim, podemos solicitar que, numa semana, os alunos leiam um texto e façam dele um resumo; em outra, leiam e respondam a algumas questões; numa terceira, leiam, levantando perguntas ou dúvidas para serem discutidas ou esclarecidas no encontro seguinte; em outra oportunidade, leiam identificando argumentos da teoria exposta e apresentando sua reflexão pessoal fundamentada sobre eles; em outra, leiam procurando resolver um caso; e assim por diante. Desse modo, a atividade de leitura não fica apenas como "uma lição de casa" sem consequência, mas como uma preparação para as atividades que serão realizadas em aula com o professor e outros colegas.

Esse é um ponto importante a se pensar quando se propõe uma leitura fora de classe: que atividade será realizada com a leitura feita e o material produzido, e o que se fará com os alunos que não tiverem realizado a leitura nem se preparado para a aula?

A resposta nos parece clara: o professor deve planejar atividades pedagógicas coletivas que deem continuidade em aula ao estudo individual, mas que só serão realizadas pelos alunos que tiverem realizado a atividade individual como preparação para elas. Os alunos que não tiverem feito a leitura deverão fazê-lo no primeiro momento de aula, individual e separadamente dos demais, preparando-se para a sequência das demais atividades. Os alunos perceberão a importância do trabalho individual para participação no coletivo, o que significa ter respeito para com o outro, quando ocorre uma participação em grupo, e a própria atividade coletiva deixa de ser um "bate-papo entre amigos" para se tornar uma atividade séria de construção de conhecimento e de aprendizagem.

4. *A aula expositiva* é uma das técnicas mais usadas por nós, professores. Será que num paradigma que valoriza a aprendizagem essa técnica ainda tem lugar?

Alguns pensam que não, que ela estaria abolida. Em nosso entender, não se trata disso, mas sim de usar a aula expositiva como uma técnica, isto é, quando ela for adequada aos objetivos que temos. Isso quer dizer que ela cabe, por exemplo, no início de um assunto para motivar os alunos a estudá-lo ou para apresentar um panorama do tema que será estudado posteriormente, ou como síntese de um estudo feito individual ou coletivamente, ao final dos trabalhos. Sugerimos sempre usar de 20 a 30 minutos da aula (não mais do que isso), pois é o tempo no qual conseguimos manter a atenção dos alunos, e assim mesmo usando alguns recursos adicionais, por exemplo, *slides*, retroprojetor, apresentação de casos. Podemos chamar a atenção para notícias recentes que se relacionem com o que estamos falando, provocar o diálogo com os alunos, fazer perguntas, solicitar a participação dos alunos, por vezes convidar algum professor colega da mesma universidade para discutir o assunto com os alunos.

De acordo com o paradigma que privilegia a aprendizagem, transmitir informações por meio da técnica da aula expositiva não é aconselhável, uma vez que buscar informação e trabalhar com ela é muito mais importante que ouvir as informações já organizadas, absorvê-las e depois reproduzi-las.

5. Podemos considerar, agora, algumas *técnicas de dinâmica de grupo* que favoreçam a interação grupal e facilitem o processo de aprendizagem, uma vez que defendemos a proposta de que aprendemos na relação com os outros e com o mundo. Atividades pedagógicas coletivas são profundamente diferentes de atividades individuais, porque envolvem um grupo de pessoas trabalhando de forma diferente do indivíduo, com objetivos e regras diferentes, e com resultados esperados também diferentes. Mas por que tanta diferença? Precisamos ter clareza de que qualquer atividade pedagógica coletiva deve trazer contribuições mais significativas e mais avançadas que as produzidas pelo indivíduo isolado. Portanto, um princípio deve ser observado: atividade pedagógica coletiva não se destina apenas a justapor colaborações individuais. Para isso não precisamos dessas atividades. O mínimo que se espera é que o grupo, além de tomar conhecimento das colaborações dos seus participantes, possa discuti-las, analisá-las e, com esse debate, avance os estudos, a fim de que se transcendam aqueles já apresentados pelos participantes.

São exemplos de atividades pedagógicas coletivas: seminário, as mais diversas atividades em grupos, como o grupo de observação (GO) e grupo de verbalização (GV), painel integrado, grupos de oposição, pequenos grupos para formular questões ou solucionar casos, projetos, todas a seguir detalhadas.

- *Seminário*: trata-se de atividade composta de dois momentos. No primeiro, pequenos grupos realizam uma pesquisa sobre um determinado tema proposto pelo professor, com orientação deste. O grupo deve seguir todos os passos de uma pesquisa – coleta de dados, organização do material, análise e produção de trabalho conclusivo com características científicas. Esses procedimentos, além de atividades individuais preparatórias, devem ser realizados coletivamente, de tal forma que se aprenda a pesquisar e produzir conhecimento de forma coletiva. Essa pesquisa vai consumir de dois a três meses de trabalho fora de sala de aula, orientado pelo professor, enquanto o plano da disciplina prossegue. O trabalho científico – ou monografia – produzido pode ser socializado entre os colegas de classe de diversas maneiras: distribuição de cópias, apresentações, elaboração de pôsteres etc.

Entretanto, para que possamos falar de seminário, há que se realizar o segundo momento: marca-se uma data, na qual se fará uma mesa-redonda, coordenada pelo professor, sobre um novo tema que não tenha sido diretamente pesquisado por nenhum grupo, mas para cuja discussão todos os grupos de pesquisa dispõem de dados. O professor sorteia um representante de cada grupo de pesquisa, que, durante a discussão do novo assunto, deve trazer contribuições com base nas questões pesquisadas por seu grupo. Com isso, após a mesa-redonda, teremos um novo tema estudado e debatido a partir de dados de pesquisa, com produção coletiva.

- *Grupo de observação (GO) e grupo de verbalização (GV)*: dois círculos concêntricos na sala, um com cinco ou seis elementos, que discutem um tema por tempo determinado, não maior que 15 minutos, e outro maior (o restante do grupo classe), que, no primeiro momento, observa a discussão e, no segundo momento, passa a debater, ficando o primeiro como observador do debate. Depois de realizada a primeira discussão, observada pelo grupo maior, esse grupo completa, corrige, debate o que foi trabalhado, levando à frente a discussão.

É o tipo de atividade pedagógica que serve tanto para introduzir um assunto, explorando as experiências pessoais dos alunos ou seus conhecimentos primeiros sobre um assunto, como para debater um caso ou um assunto sobre o qual já se leu anteriormente.

Na primeira hipótese, a técnica funciona como um recurso de motivação para um estudo mais aprofundado a seguir, com outras técnicas, ou como uma atividade-surpresa que chame a atenção para um assunto; na segunda situação, visando a algum aprofundamento de um tema, sempre haverá, previamente, uma leitura ou um estudo sobre o tema.

- *Painel integrado*: trata-se de uma técnica muito interessante que incentiva a participação dos alunos. É mais apropriada para aprofundamento de um assunto e desenvolvimento de habilidades, como trabalhar em grupo, e de atitudes de responsabilidade e crítica.

Divide-se a turma em grupos de cinco participantes. Cada grupo recebe um tema, uma pergunta, um artigo ou um capítulo de livro diferentes, que devem ser lidos individualmente antes da aula e coletivamente trabalhados no primeiro tempo da aula. No início da aula, formam-se os grupos de cinco, e estes realizam a tarefa atribuída durante certo tempo. Ao término desse tempo, o grupo apresenta um relatório da atividade que será copiada por todos os cinco elementos. A estes se atribuem os números de um a cinco.

No segundo momento, formam-se grupos com os números um de cada grupo, com os números dois, com os números três, com os números quatro e com os números cinco. A esses novos grupos atribuem-se as atividades de troca de informações e integração dos conhecimentos produzidos. No terceiro momento, o professor que esteve presente em um dos grupos do segundo momento faz os comentários que julgar pertinentes com base em tudo que ouviu.

- *Grupos de oposição*: atividade coletiva muito interessante para ajudar os alunos a desenvolver sua habilidade de argumentação e estudo dos fundamentos das teorias. Formam-se grupos para apresentar argumentos favoráveis e contrários a determinada teoria ou princípio. Nesse processo, os grupos devem debater um tema, discutir um caso e resolver uma situação e um problema, sempre por meio de argumentos que justifiquem a decisão de cada grupo.

Mediados pelo professor, os grupos vão se alternando na apresentação de argumentos que defendem ou atacam a questão proposta, e os debates ocorrem discutindo a validade e a importância dos argumentos apresentados.

Para desenvolver a habilidade de argumentar, às vezes o professor pode trocar os participantes de grupo; por exemplo, solicitando que os que são a favor passem a atacar e que os que atacam passem a defender determinada posição.

- *Pequenos grupos para formular questões*: essa é uma técnica coletiva que colabora com o aluno para a adequada compreensão de um assunto, desenvolvendo sua capacidade de perguntar. Fazer perguntas inteligentes com base em um texto, com o objetivo de promover esclarecimentos ou resolução de dúvidas, ou trazer tópicos mais atuais, instigantes ou provocadores é uma atividade importante que ajuda o aluno também a aprender a ler bem um texto.

O professor solicita a cada aluno que, em casa, antes da aula, prepare duas ou três questões que, no seu entender, sejam importantes para um debate em classe. No dia da aula, divide-se a turma em pequenos grupos de cinco componentes cada um, para que, num tempo de 10 minutos, partindo das questões levantadas em casa, elaborem duas ou três questões relevantes para o estudo de um assunto.

Cada grupo encaminha suas perguntas a outro grupo, que terá 10 ou 15 minutos no máximo para estudar as questões e responder a elas por escrito. Nos próximos 10 minutos, um segundo grupo estuda as mesmas questões, analisa as respostas do primeiro grupo, corrige o que acha que está errado, completa, amplia as respostas e passa essas perguntas para um próximo grupo, e assim por diante, até que pelo menos quatro grupos estudem as perguntas formuladas. Após esse giro, as questões voltam ao grupo que as formulou, que, então, deve analisar as respostas recebidas, dar sua resposta e encaminhá-la para o plenário.

Trata-se de uma atividade coletiva que ajuda o aluno a trabalhar com informações, propicia o desenvolvimento de habilidades como a de perguntar, responder e analisar respostas, permitindo que se construa uma atitude de curiosidade, de crítica, de relacionamento entre pares e de respeito por opiniões ou propostas diferentes da sua.

- *Projetos*: trata-se, sem dúvida, de uma das mais completas e envolventes atividades pedagógicas coletivas. A elaboração de um projeto sempre está relacionada a uma situação profissional, a uma situação real. O grupo de alunos pode identificar uma situação problemática, descrevê-la, levantar perguntas, fazer o diagnóstico do problema, levantar aspectos teóricos que sirvam de fundamentação para compreender adequadamente aquela situação, indicar os procedimentos a serem realizados, implementá-los, buscar solução para as questões, enfim, resolver o projeto proposto.

Trabalhar com projetos é uma forma muito especial de desenvolver tanto o ensino com pesquisa como vivenciar uma situação de uma equipe de trabalho profissional que se reúne para desenvolver um projeto em uma empresa ou em uma instituição. Tais situações exigem espírito de equipe, saber trabalhar em grupo, partilhar ideias e sugestões, respeitar as ideias dos outros, colaborar, por vezes desprender-se de suas próprias ideias em prol de uma proposta melhor.

6. Outro conjunto de atividades pedagógicas que hoje já começa a fazer parte do cotidiano da sala de aula universitária se refere à *mídia eletrônica*, que, no dizer de Moran, Masetto e Behrens (2000, p. 33-34),

> [...] é prazerosa – ninguém obriga que ela ocorra; é uma relação feita através da sedução, da emoção, da exploração sensorial [...]. Ela fala do cotidiano, dos sentimentos, das novidades [...] educa enquanto estamos entretidos. Imagem, palavra e música integram-se dentro de um contexto comunicacional de forte impacto emocional, que predispõe a aceitar mais facilmente as mensagens.

A mídia eletrônica, que envolve o computador, a telemática, a internet, o bate-papo *on-line* (*chat*), o correio eletrônico (*e-mail*), a lista de discussão e a teleconferência, pode colaborar significativamente para tornar o processo e a aprendizagem mais eficientes e eficazes, mais motivadores e envolventes. Ela rompe definitivamente com o conceito de espaço "sala de aula" na universidade para afirmar sua existência, desde que professor e aluno estejam estudando, pesquisando, trocando informações, em qualquer tempo, tendo entre eles apenas um computador.

Os recursos eletrônicos facilitam a pesquisa, a construção do conhecimento em conjunto ou em equipe, a intercomunicação entre alunos e entre estes e seus professores. Apresentam um novo modo de fazer projetos, de simular situações reais, de discutir possíveis resultados ou produtos esperados, de analisar diversas alternativas de solução. Facilitam grandemente o contato com especialistas por meio de correios eletrônicos ou teleconferências.

Embora saibamos que essas metodologias estão mais voltadas para encaminhar problemas de educação a distância, elas podem auxiliar também em nossas aulas presenciais, tornando-as ainda mais dinâmicas e interessantes.

A *teleconferência* oferece a possibilidade de entrar em contato com algum professor ou especialista que se encontra em local fisicamente longínquo, mas que poderá dialogar conosco sobre determinado assunto. Realização de estudos sobre o tema e informações sobre o conferencista e suas posições científicas antes da conferência ajudarão a compreender melhor as informações, fazer perguntas mais adequadas e proveitosas e aproveitar mais do contato com o especialista. Uma teleconferência sempre precisará ser seguida de outras atividades que a aprofundem.

O *chat* ou *bate-papo on-line* funciona como uma técnica de *brainstorming*. É um momento em que todos os participantes estão conectados e são convidados a expressar suas ideias e associações de forma livre. Essa técnica permite conhecer as manifestações espontâneas dos participantes sobre determinado tema, aquecendo um posterior estudo e aprofundamento desse assunto.

Por meio de *listas de discussão*, as pessoas podem se manifestar sobre um tema estudado pelos grupos. O objetivo dessas listas é promover uma discussão que possibilite que os conhecimentos e as experiências avancem para além do somatório de opiniões do grupo. Essa lista pode ficar no ar por uma ou duas semanas, até que se entenda que as contribuições já se esgotaram. Durante esse tempo, o debate entre todos os membros dessa lista é contínuo, em qualquer tempo e "hora".

Pensando no processo de aprendizagem e na interação professor-aluno e aluno-aluno, o *correio eletrônico* (*e-mail*) se apresenta como um recurso muito forte para favorecer a multiplicação desses encontros entre uma aula e outra, para sustentar a continuidade do processo de aprendizagem e realizar o atendimento e a orientação que se façam necessários antes da próxima aula. Da mesma forma, o professor pode considerar conveniente comunicar-se com um ou todos os alunos antes da aula com informações novas. Esse recurso é fundamental para o processo de aprendizagem porque incentiva a interaprendizagem entre os alunos, a troca de materiais e a produção de textos em conjunto.

Com a *internet*, dispomos de um recurso dinâmico, atraente e atualizadíssimo, de fácil acesso, que possibilita a aquisição de um número ilimitado de informações e o contato com várias bibliotecas de universidades. Aprende-se a criticar as informações acessadas, a escolher o melhor, a organizar informações e fontes, a produzir textos pessoais e trabalhos monográficos. Mas, para que isso aconteça, é fundamental a orientação do professor.

7. Por último, não poderíamos deixar de comentar as possibilidades de dinamizar nossas aulas utilizando situações reais de atuação profissional como condições extremamente favoráveis à aprendizagem dos alunos.

Queremos chamar a atenção para as possibilidades de aprender em enfermarias, em postos de saúde, nos ambulatórios, nos hospitais, em consultórios, nas indústrias, nas fábricas, nas empresas, em escritórios de administração, contabilidade ou advocacia, nos fóruns, nos escritórios-modelos, nas escolas, nas obras, nos projetos assistenciais, nos partidos, nos sindicatos, nas secretarias de governo e em outros locais semelhantes a esses.

Em contato com a realidade profissional, os alunos sentem-se profundamente interessados em estudar e resolver problemas, em pesquisar e buscar saídas para as questões que se apresentam em seu trabalho. Sentem-se adultos, responsáveis, curiosos, satisfeitos com os resultados obtidos. Quase arriscaríamos dizer que, em contato com a realidade, os alunos aprendem por eles mesmos; mais do que em outras circunstâncias, talvez, comportam-se como sujeitos de suas aprendizagens.

Ter coragem de usar esses espaços para dinamizar nossos cursos, motivar os alunos a se dedicar a seus estudos na busca de uma profissão competente e corresponsável pela sociedade, atualizar os currículos e integrar universidade e sociedade é a ousadia que ainda nos falta para efetivamente repensarmos nossas aulas dentro de um novo paradigma.

8. Não poderíamos encerrar essas reflexões sobre as atividades pedagógicas em sala de aula universitária sem nos referirmos a uma outra atividade pedagógica fundamental em nossa docência: a *avaliação*.

Com efeito, não entendemos a avaliação como uma atividade que tem por fim apenas medir e controlar os resultados de um processo de aprendizagem, verificar o que foi aprendido e fazer o julgamento dos resultados.

Avaliação, para nós, é, antes de tudo, a capacidade de refletir sobre o processo de aprendizagem, buscando informações (*feedback*) que ajudem os alunos a perceber o que estão aprendendo, o que está faltando, o que merece ser corrigido, o que é importante ser ampliado ou completado, como os aprendizes podem fazer melhor isso ou aquilo e, principalmente, como motivá-los para que possam desenvolver seu processo de aprendizagem.

A avaliação pode ser considerada a grande atividade pedagógica desde que entendida como explicamos anteriormente, pois ela acompanha todas as demais atividades, incentiva o aluno a progredir e a realizar cada vez melhor as atividades subsequentes.

No livro *Novas tecnologias e mediação pedagógica* (MORAN; MASETTO; BEHRENS, 2000), há um capítulo escrito por nós, no qual destacamos alguns pontos sobre o processo de avaliação que nos parece oportuno serem aqui retomados, uma vez que eles demonstram como a avaliação pode modificar nossas aulas universitárias.

a) O processo de avaliação deve estar integrado ao processo de aprendizagem, de tal modo que funcione como elemento motivador da aprendizagem e não como um conjunto de provas e/ou trabalhos que apenas verifiquem se o aluno passou ou não.

b) Uma característica básica da avaliação é seu caráter de *feedback* ou de retroalimentação, que traga ao aprendiz informações necessárias, oportunas e no momento em que ele precisa para que desenvolva sua aprendizagem.

c) Tanto no uso de técnicas presenciais quanto no uso de tecnologia a distância, encontram-se embutidas informações que permitem que o professor e os alunos se avaliem com relação aos objetivos pretendidos. Basta explorá-las.

d) Os vários participantes do processo de aprendizagem precisam de *feedbacks*: o aluno, o professor, os colegas ou grupo de alunos e o programa que está sendo desenvolvido. Todos estão implicados na aprendizagem e na aula universitária. Todos precisam saber se estão colaborando para a consecução dos objetivos acordados.

e) Faz sentido aplicar a autoavaliação quando o próprio aluno consegue diagnosticar o que aprendeu, quais são suas dificuldades no processo e quais são suas capacidades que facilitam o aprendizado. Essas percepções irão ajudá-lo por toda a vida.

f) A aula universitária, então, passa a ser também um espaço de avaliação: um espaço para o diagnóstico da aprendizagem, bem como de diálogo, discussões e sugestões para seu desenvolvimento.

Encerrando essas reflexões sobre o repensar a docência universitária focalizada na transformação da aula no ensino superior, pretendemos retomar o ponto inicial de nosso diálogo: por trás do modo como geralmente acontecem as aulas na universidade, há um paradigma de ensino consolidado e estruturado há várias décadas e que sustenta a docência universitária como ela aparece, mas que precisa ser substituído por um novo paradigma que permita e dê fundamentação às inovações que queremos fazer em nossas aulas.

Só assim poderemos falar em mudança, em dinamizar as aulas, em tornar essas "aulas vivas", em fazer das aulas um espaço privilegiado de aprendizagem, de formação de profissionais competentes e cidadãos.

Só assim obteremos resposta para uma questão que persegue os professores já há algum tempo: nestes tempos, qual é o novo papel dos professores universitários em relação aos jovens alunos que procuram a universidade?

REFERÊNCIAS

BENEDITO, V. et al. *La formación universitaria a debate*. Barcelona: Universitat de Barcelona, 1995.

CASTANHO, M. E. (Org.). *Pedagogia universitária*: a aula em foco. Campinas: Papirus, 2000.

CASTANHO, M. E.; CASTANHO, S. *O que há de novo na educação superior*. Campinas: Papirus, 2000.

HERNÁNDEZ, F. *Cultura visual, mudança educativa e projeto de trabalho*. Porto Alegre: Artmed, 2000.

MASETTO, M. T. *Aulas vivas*. São Paulo: MG Editores, 1992.

MASETTO, M. T.; ABREU, M. C. *O professor universitário em aula*. 11. ed. São Paulo: MG Editores, 1999.

MEIRIEU, P. *Aprender... sim, mas como?* Porto Alegre: Artmed, 1998.

MORAN, J. M.; MASETTO, M. T.; BEHRENS, M. A. *Novas tecnologias e mediação pedagógica*. Campinas: Papirus, 2000.

PERRENOUD, P. *Avaliação*. Porto Alegre: Artmed, 1999.

_____. *Novas competências para ensinar*. Porto Alegre: Artmed, 2000.

VALENTE, J. A. (Org.). *O computador na sociedade do conhecimento*. Campinas: Núcleo de Informática Aplicada à Educação da Universidade Estadual de Campinas (Nied), 1999.

ZABALA, A. *A prática educativa*. Porto Alegre: Artmed, 1998.

5
PARTICIPAÇÃO OU TÉDIO NA UNIVERSIDADE:
um modelo crítico *versus* um modelo dogmático
JOSÉ B. DUARTE*

> Aumentar simultaneamente a capacidade
> de apropriação cognitiva do real e a capacidade de
> agir sobre o real (LESNE,1984, p. 202).

ALGUMA INDISCIPLINA...

A apresentação ao aluno de novos conceitos e a demonstração de competências têm sido e continuarão a ser tarefas centrais do professor universitário, que ocorrem da própria natureza da universidade como centro de investigação e capitalização do saber. Todavia, todo o ensino e, de modo particular, o ensino universitário terão de enquadrar plenamente e estimular as atividades de descoberta ou, ainda, atividades de pesquisa, para que os jovens naturalmente se sintam impelidos pelas suas próprias perguntas em face da complexidade da vida e da multiplicidade da informação.

Obviamente, para que a universidade e o ensino em geral não caiam numa não diretividade empobrecedora, necessário será

---

* Doutor em Ciências da Educação pela Universidade Nantes, França. Professor da Universidade Lusófona de Humanidades e Tecnologias (ULHT), onde é diretor do Curso de Pós-Graduação e Formação Especializada de Professores em Administração Educacional.

necessário desencadear na aula reflexões oportunas sobre uma relação equilibrada entre três "fontes de dados" para um currículo escolar: as *expectativas* dos *alunos*, as *exigências do saber* e as *exigências da sociedade*. Mas estimular as perguntas dos alunos, bem como incentivar uma procura pessoal de solução para essas perguntas constituem finalidades educativas fundamentais, implicadas pela promoção da autonomia e participação do estudante na escola e na sociedade. Daí a necessidade da prática de uma pedagogia diferenciada, constituída por atividades realizadas com base nas diferentes concepções dos alunos, que são dependentes dos diferentes percursos escolares e das diferentes características culturais. Uma pedagogia capaz de integrar atividades de pesquisa e atenta às diferenças conceptuais dos alunos desencadeará neles uma nova motivação, em face do tédio e de alguma indisciplina para a qual tende uma preponderante estratégia expositiva.

AUTONOMIA DO ALUNO EM FACE DA MULTIPLICAÇÃO DE INFORMAÇÃO

A obra de Lesne (1984), *Trabalho pedagógico e formação de adultos*, embora se refira mais especificamente à formação profissional de adultos, pode servir de instrumento de reflexão sobre a metodologia a ser usada no ensino superior e em outros graus de ensino, como instrumento de análise dos vários modelos e métodos em causa.

Opondo-se à "ordem aparente das classificações em métodos tradicionais e métodos activos" (LESNE, 1984, p. 16), o autor procura "estabelecer um modelo de análise das práticas pedagógicas, uma grelha de leitura que permita discernir o seu sentido profundo, ou seja, a sua função social" (LESNE, 1984, p. 18).

Esse "modelo de análise" é constituído por três *modos de trabalho pedagógico* (MTP) em que diferem a *lógica do trabalho e a função resultante*, como consta no Quadro 1 retirado de um esquema mais vasto do autor.

QUADRO 1
MODOS DE TRABALHO PEDAGÓGICO

CARACTERÍSTICAS	LÓGICA DO TRABALHO PEDAGÓGICO	EFEITOS SOCIAIS RE-RESULTANTES
MTP 1, modo de trabalho pedagógico de tipo transmissivo, de orientação normativa.	O indivíduo é objeto de formação.	Reprodução das relações econômicas e sociais existentes.
MTP 2, modo de trabalho pedagógico de tipo incitativo, de orientação pessoal.	O indivíduo é sujeito de sua formação.	Adaptação às exigências do funcionamento dessas relações.
MTP 3, modo de trabalho pedagógico de tipo apropriativo, centrado na inserção social.	O indivíduo é agente de sua formação e age socialmente.	Produção de novas formas de relações econômicas e sociais.

Fonte: Adaptado de Lesne (1984)

MEIOS PEDAGÓGICOS UTILIZADOS PELO MTP 1

A propósito do MTP 1, Lesne (1984, p. 81) cita Paulo Freire ao designar "concepção bancária" da educação à prática pedagógica em que "as relações são dominadas pela dissertação do mestre e em que o acto de educação se torna um acto de 'depósito' de um saber, sendo o mestre o depositante e os alunos os depositários".

Vejamos alguns meios utilizados, segundo Lesne (1984), dentro desse modo de trabalho:

- *métodos afirmativos*, que podem ser divididos em *expositivos* (transmissão de um saber) e *demonstrativos* (transmissão de um saber-fazer) (LESNE, 1984, p. 63);
- *métodos interrogativos*, que consistem num conjunto de perguntas para levar o aluno a descobrir o resultado que se deseja memorizar, mas cuja estrutura profunda do raciocínio (ou esquema de pensamento) é fornecida pelo mestre por meio da sequência das perguntas;
- *métodos ditos ativos*, que são apresentados como opostos aos anteriores, mas que, submetidos a uma análise da sua aplicação, mostram a sua articulação com os métodos afirmativos ou interrogativos porque "a utilização de materiais pedagógicos e nomeadamente dos auxiliares audiovisuais [...] mais não fazem que completar o pensamento [do mestre] que os utiliza" (LESNE, 1984, p. 64);
- quanto ao estudo de problemas: "este método coloca a pessoa numa situação não-satisfatória e leva-a a anular o desvio entre esta situação e a situação satisfatória, considerada como objectivo a atingir [...] sendo o formador o responsável pela colocação na 'caixa-problema'" (LESNE, 1984, p. 72) e, quanto a esse comentário, todos sabemos como o ensino atual tende a desviar-se da reflexão e da pesquisa autêntica sobre problemas e a fazer o aluno manipular definições, problemas-tipo e suas soluções.

MEIOS PEDAGÓGICOS UTILIZADOS PELO MTP 2

Quanto a esse MTP, o trabalho de grupo revela-se "o mais pertinente de todos os meios utilizados, sempre que o formador deseje que a pessoa seja o sujeito da sua formação" (LESNE, 1984, p. 122). Assim:

> O pequeno grupo torna-se mediador da acção de formação: a libertação das forças internas necessárias ao desenvolvimento da pessoa passa pela acção de um grupo e por acções recíprocas no seio de um grupo, ou seja, pelo mais social dos meios pedagógicos. Está implícita a hipótese de que um sujeito "formando-se" no seio de um grupo efémero *continuará a fazê-lo em situação real*, sobretudo se se puser a tónica na *modificação de atitudes* (LESNE, 1984, p. 123, grifo nosso).

Ressaltamos a questão da mudança de atitudes que o trabalho de grupo possibilita, contra hábitos individualistas de trabalho, numa *partilha do saber*. Por isso, os *verdadeiros métodos ativos* apoiam-se no trabalho de grupo em que "aprender é um processo colectivo" (LESNE, 1984, p. 124). Aplicados na lógica de trabalho do MTP 2, que é a do aluno como sujeito da aprendizagem, os meios audiovisuais ou outros recursos constituem técnicas que possibilitam a exploração dos elementos de informação mais diversos, pois "o formador visa desempenhar apenas o papel de uma fonte de informação entre outras" (LESNE, 1984, p. 145), situando-se ao lado de outros recursos do crescimento interior do aluno. Isso se distingue de uma utilização dos meios instrumentais como reforço do pensamento do mestre, como Lesne (1984) assinala para o primeiro modo de trabalho.

Meios pedagógicos utilizados pelo MTP 3

Quanto a esse modo de trabalho, Lesne (1984, p. 191) menciona a "fórmula" de Paulo Freire: a formação "não se faz de A para B, nem de A sobre B, mas de A com B por intermédio do mundo". E conclui que a aplicação dominante do MTP 3 é pouco frequente, tendendo para práticas parciais. É que o trabalho de análise do conhecimento do real, operado em comum a partir de um referencial teórico, deve confrontar-se com a vida real dentro de certas condições:

> [...] os percursos e procedimentos mantêm-se coerentes com um trabalho colectivo baseado numa análise das situações concretas, segundo objectivos ou programas elaborados em comum, tendo em conta as suas condições sociais objectivas de realização em direcção a um "inédito" possível (LESNE, 1984, p. 191).

O que se pretende é "a produção de novas formas de relações económicas e sociais", como já vimos, por meio de uma pedagogia da relação dialética entre teoria e prática (LESNE, 1984, p. 238). Dentre outras situações de aprendizagem relacionadas com o MTP 3, Lesne (1984, p. 200) menciona o procedimento de alternância: a sua utilização "permite assegurar a ligação entre situação de formação e situação real". O autor acentua que, levado a sério, esse procedimento está em coerência profunda com o MTP 3: "articulação real da teoria e da prática com vista a aumentar simultaneamente a capacidade de apropriação cognitiva do real e a capacidade de agir sobre o real" (LESNE, 1984, p. 202).

Digamos que o que está em causa é a *produção de saberes* mais que a reprodução ou a adaptação pessoal. Como vimos, o próprio Lesne reconhece a dificuldade e a pouca frequência dessa tarefa, o que equivale a dizer que não se poderá eliminar totalmente uma certa reprodução de saberes (MTP 1) nem a adaptação pessoal aos saberes já constituídos (MTP 2). O que se pretende é, em conjugação com essas tarefas, proceder ao questionamento dos saberes por meio de uma relação dialética com a vida real, de forma a produzir respostas às novas exigências sociais. Lesne (1984, p. 198) menciona a esse propósito o "método de conscientização" de Paulo Freire, para análise das contradições essenciais duma situação, o que é concretizado por meio da estratégia dos *temas-geradores*, temas fundamentais e dialéticos a partir dos quais se desenvolve uma ação pedagógica.

O procedimento de alternância entre locais onde se aplica um determinado ramo de conhecimento e o ensino teorizante de uma determinada instituição, proposto por Lesne para a formação de adultos, não é correntemente praticável na universidade, a não ser como ocasionais "visitas de estudo" a esses locais. Por isso, é preciso incentivar a planificação e a concretização de autênticos trabalhos de pesquisa, individuais ou em grupo, para observar as atividades, de modo a incrementar uma apropriação cognitiva do real e uma preparação para agir sobre ele. Nesse sentido, parece-nos exemplar, numa instituição de arquitetura do Norte português, a inclusão do estágio no penúltimo ano do seu currículo, o que permite, após o contato com a prática desenvolvida no estágio, um regresso à "teoria" no último ano do currículo.

UM MODELO CRÍTICO

Os vários métodos, nomeadamente os métodos ditos ativos, como vimos, estão para Lesne associados quer ao MTP 1 quer ao MTP 2, mas, no primeiro caso, reproduzindo o esquema de pensamento do professor e, no segundo caso, exprimindo o pensamento do aluno. Digamos que no MTP 1 o discurso normativo do professor é naturalmente descodificado pelos alunos dotados de melhor capital cultural; assim que esse modo de trabalho se identifica com o modelo seletivo ou elitista do ensino tradicional, em que predomina uma tarefa expositiva do professor. Disso decorre a função reprodutora desse modo de trabalho. Quanto ao MTP 2, a sua designação de "incitativo" advém da ideia de que nele se incita o formando a exprimir as suas disposições e concepções, e vimos como o seu mais pertinente meio operatório é o trabalho de grupo, justamente por permitir uma inter-relação de sujeitos e uma partilha do saber – características que fazem associar esse MTP ao ideário de uma "pedagogia democratizante" (ISAMBERT-JAMATI; GROSPIRON, 1982, p. 286). Com o mesmo ideário se identifica sobretudo o MTP 3, pelo incentivo à articulação da teoria e da prática com vista a aumentar, como vimos, a "apropriação cognitiva do real e a capacidade de agir sobre o real".

A esse propósito, Lesne (1984) cita Alain Touraine: "a sociedade não é só reprodução e adaptação, é também produção de si própria". E Lesne (1984, p. 152) prossegue:

> [...] no MTP 3, as pessoas em formação são sobretudo consideradas como agentes sociais, susceptíveis de intervir ao nível da capacidade que toda a sociedade possui de agir sobre o seu próprio funcionamento.

Em face da *função produtora e transformadora* atribuída ao MTP 3 e perante uma sociedade injusta, o conhecimento é visto como um instrumento emancipatório e igualizador, de acordo com a teoria crítica de Habermas (1968).

É pertinente associar essa função de produção de saberes e de transformação social àquilo que Arends (1997) designa por "modelo crítico" de ensino. Arends (1997, p. 396) focaliza muito claramente a produção de saberes, deixando implícita a finalidade de transformação social, num objetivo geral que aponta para esse modelo, subdivido em três características:

- ajudar os alunos a aprender a formular questões;
- ajudar os alunos a procurar respostas e soluções para a sua curiosidade;
- ajudar os alunos a construir as suas ideias e teorias acerca do mundo.

Quanto às *tarefas do professor* na aula, que Lesne (1984, p. 402) descreve com algum pormenor, estão sintetizadas no Quadro 2.

QUADRO 2 –
TAREFAS DO PROFESSOR NA AULA

Fase 1: Propor objetivos e explicar aos alunos os procedimentos de pesquisa.

Fase 2: Descrever a situação problemática à turma, utilizando o meio mais adequado.

Fase 3: Estimular ("encorajar", no original) os alunos a propor questões acerca da situação problemática, com o objetivo de os ajudar a obter informação ("dados", no original) para a pesquisa.

Fase 4: Estimular os alunos a propor explicações para a situação problemática.

Fase 5: Estimular os alunos a pensar sobre os seus processos de pensamento e sobre o processo de pesquisa.

Lesne (1984, p. 398) conclui que esse modelo se destina a alcançar três *efeitos de instrução* importantes:

- ajudar os alunos a desenvolver as competências intelectuais necessárias à formulação de questões importantes e à procura de respostas;
- ajudar os alunos a adquirir as competências relacionadas com o processo de pesquisa;
- ajudar os alunos a tornarem-se aprendizes autônomos e independentes, confiantes e capazes de aprenderem por si próprios (este, o mais importante).

As competências que acabamos de mencionar parecem fundamentais ao estudante e ao cidadão. São *finalidades educativas* de uma escola que pretenda ser mais que "depositante" de conhecimentos na mente dos alunos. Nesse caso, é fundamental considerar a capacidade de autonomia intelectual dos cidadãos em face da multiplicidade de informação ou da capacidade de os alunos construírem as suas próprias ideias acerca do mundo, que Lesne (1984) expressa nos objetivos gerais. Resta acentuar que essa autonomia, relacionada com as concepções de cada aluno, implica um auxílio adequado do professor e reforça, assim, a necessidade de uma pedagogia diferenciada, sugerida linhas acima.

Essa reflexão leva-nos a dois sentidos da expressão "modelo crítico". Num sentido mais amplo, modelo crítico é uma configuração global do processo de ensino, fundamentado numa filosofia democratizante e transformadora da realidade, pois é atenta às concepções dos alunos (segundo modo de trabalho de Lesne) e estimuladora da ação (terceiro modo do mesmo autor). Dentro dessa perspectiva globalizadora em que a curiosidade do aluno é abrangente, conclui-se que mesmo as atividades expositivas são orientadas segundo uma finalidade heurística, se o discurso do professor procurar basear-se num diálogo autêntico com os discentes.

Nesse sentido mais amplo, o termo *modelo* abrange assim duas perspectivas globalizadoras ou "duas medidas" (aliás, sentido etimológico de *modelo*, do latim *modulus*) em face dos alunos: um *modelo dogmático-seletivo*, baseado na natural participação dos mais dotados, e voltada para a pedagogia tradicionalista, e um *modelo crítico-democratizante*, na medida em que a orientação da turma for atenta às diferenças culturais dos alunos.

Num sentido mais restrito, o "modelo crítico" de Arends (1997) reduz-se a um método, "método de descoberta" na designação de Ronca e Escobar (1984), designação também aceita por Arends, mas que é mais pertinente designar "método de pesquisa", com os seus objetivos específicos. Aliás, a esse respeito, Arends (1997) reconhece que o dispositivo por ele designado como "modelo crítico" não foi concebido para abranger grande amplitude de materiais de aprendizagem ou transmitir enormes quantidades de informação aos alunos. O que implica, em suma, um conceito menos abrangente de "modelo", no sentido de que a distribuição do tempo terá em conta outros modos de trabalho. Assim, ao lado desse método, importa fazer funcionar outros, dentre eles o "método expositivo" ou outros, com objetivos específicos.

Isso confirma também a pertinência do conceito de *método*, ou seja, nesse caso, considerando o método de pesquisa ao lado de outros métodos, num dispositivo global ou *modelo* que, como vimos, pode ser neutro ou, pelo contrário, atento às diferenças culturais. E lembremo-nos de outros métodos necessários ao processo ensino/aprendizagem na universidade que não serão desenvolvidos neste capítulo: *método de estudo dirigido*, para ensinar a estudar e aprender; *método de instrução direta*, para ensino de competências próprias de uma determinada disciplina; *método de projetos*, para levar a cabo uma tarefa complexa, devidamente planificada, em que se apela à variedade da participação dos alunos.

UMA EPISTEMOLOGIA DA CURIOSIDADE

A reflexão sobre a atividade do aluno no processo ensino/aprendizagem leva-nos, assim, a duas epistemologias contrastantes. Uma é a *epistemologia da certeza*, de base dogmático-expositiva, de um saber transmitido ou "doado" ao aluno. Outra é a *epistemologia da curiosidade*, sugerida por Torres (1998, p. 256) como uma das principais "virtudes" do professor, que o autor fundamenta em Paulo Freire ao "respeito" do professor pelo saber e pela autonomia do aluno, citando o último livro do pedagogo brasileiro, cujo título é sugestivamente *Pedagogia da autonomia: sobre os saberes necessários à prática educativa*.

No ponto de vista do professor, relembramos de cor dois postulados da ação pedagógica evocados por Torres nas conferências realizadas na Universidade Lusófona de Lisboa: o professor é investigador da sala de aula; o professor é militante da justiça social. Ora, uma *atitude crítica* do professor em relação ao saber e à sociedade não deixará de ter reflexos nas atitudes do aluno. Trata-se, assim, de dois postulados claramente articulados com uma pedagogia que procure concretizar, em curto ou longo prazo, nos alunos, os objetivos da produção de saberes e da transformação social, inerentes ao terceiro modo de trabalho de Lesne (1984) e ao modelo que designamos de "crítico-democratizante".

Alguns autores pretendem ver na rapidez e riqueza de informação permitida pelos novos *media*, aliados à internet, a emergência de um novo paradigma de uma "educação planetária, mundial e globalizante" (BEHRENS, 2000, p. 67), donde adviria um novo papel para o professor, agora visto mais como um *mediador* ou até *parceiro* dos alunos, e estes vistos como produtores de conhecimento, de quem é exigida *criticidade* em face da abundância de informação. Ora, a exigência da criticidade para o aluno é pertinente, mas sempre foi essencial ao ato educativo. Poderíamos falar de uma incontornável solidão da aprendizagem, pois só a ajuda pedagógica pode auxiliar o sujeito aprendente sem se substituir a ele, nos termos do filósofo francês Alain Touraine (apud ESTRELA, 1992, p. 38): "Uma coisa apenas para ti importa, rapazinho: é o que tu fazes. Se o fazes bem ou mal em breve o saberás; mas faz aquilo que fazes". Entretanto, não é verdade que a distribuição dos instrumentos dessa pretendida "educação planetária" é claramente assimétrica, já que o fosso entre os países desenvolvidos e desfavorecidos tende por agora a alargar-se? Não é verdade que dentro de cada país continua a haver uma diferenciação social no acesso a esses meios?

Assim, a ilusão modernista poderá apenas servir o modelo elitista, se a escola não souber assumir o *papel de formadora* de modo a superar as diferenças no acesso aos benefícios da civilização. A conclusão é que, se podemos insistir num ideal de *parceria* entre professor e estudantes, parece mais pertinente o *papel de mediação*, desde que se cumpra aí a função de ajuda diferenciada às capacidades e necessidades de cada aluno, de modo a responder às diferentes características culturais dos alunos e a ajudá-los a adquirir o domínio dos instrumentos de comunicação de que alguns se servem naturalmente no seu ambiente familiar. Todos os seres humanos são educáveis, desde que se criem condições pedagógicas adequadas, é esse o ideal educativo desde o Iluminismo. Tal postulado continua a ser fundamental na chamada "sociedade do conhecimento", evocada por Behrens (2000).

Quanto ao que se passa na atualidade, em vez da designação de sociedade do conhecimento, mais justo seria falar de uma sociedade da informação se tais designações não estivessem feridas de morte pela injustiça fundamental ainda vigente no acesso aos instrumentos dessa informação. Para que possamos chegar à sociedade do conhecimento, uma enorme tarefa social e pedagógica deve ser realizada em escala planetária. Informação não é imediatamente conhecimento e, muito menos, *formação*, que passa por aquilo que "cada homem ou mulher sabe fazer", nos termos de Alain Touraine. Com o acesso desigual aos meios econômicos, técnicos e culturais, continuam assim vigentes os dois modelos de ensino anteriormente evocados. Um modelo seletivo de base dogmática e um modelo democratizante de perspectiva crítica. Como vimos, esse modelo alarga um conceito de Arends (1997) e integra (a partir de Lesne (1984) e outros) finalidades relativas a uma epistemologia da curiosidade e à produção/transformação social, em que cada aluno/aluna, com as suas diferenças culturais, é chamado a participar.

Em suma, o conceito de "modelo" aparece atravessado por uma *dimensão sociológica* de base. Mas essa dimensão social implica outras dimensões. Uma *dimensão epistemológica*: que saberes e culturas ensinar. Uma *dimensão praxiológica*: que atividades do professor e do aluno. Mas o que está fundamentalmente em causa é expresso por uma *dimensão axiológica:* que homens formar e para que sociedade.

REFERÊNCIAS

ARENDS, R. *Aprender a ensinar*. Lisboa: McGraw-Hill, 1997.

BEHRENS, M. Projetos de aprendizagem cooperativa num paradigma emergente. In: MORAN, J. M.; MASETTO, M. T.; BEHRENS, M. A. *Novas tecnologias e mediação pedagógica*. Campinas: Papirus, 2000.

BIREAU, A. *Os métodos pedagógicos no ensino superior*. Porto: Porto Editora, 1995.

BIRZEA, C. *A pedagogia do sucesso*. Lisboa: Horizonte, 1984.

CALDERHEAD, J. *Exploring teacher's thinking*. London: Cassel, 1987.

CORTESÃO, L. *Ser professor*: um ofício em extinção? Porto: Edições Afrontamento, 2000.

DUARTE, J. B. *Des critiques des élèves sur les savoirs scolaires à une réflexion pédagogique interdisciplinaire (langue, physique et philosophie en question dans un établissement secondaire portugais)*. Villeneuve d'Ascq: Presses Universitaires du Septentrion, 1997.

DUPONT, P. *A dinâmica do grupo-turma*. Coimbra: Coimbra Editora, 1985.

ESTRELA, M. T. *Relação pedagógica, disciplina e indisciplina na sala de aula*. Porto: Porto Editora, 1992.

FREIRE, P. *Pedagogia do oprimido*. Porto: Edições Afrontamento, 1975.

_____. *Educação como prática de liberdade*. Lisboa: Dinalivro, [19--].

HABERMAS, J. *Técnica e ciência como ideologia*. Lisboa: Edições 70, 1968.

ISAMBERT-JAMATI, V.; GROSPIRON, M-F. Tipos de pedagogia e diferenças de aproveitamento segundo a origem social no final do secundário. In: GRÁCIO, S.; STOER, S. *Sociologia da educação – II (antologia)*. A construção social das práticas educativas. Lisboa: Livros Horizonte, 1982.

JOYCE, B.; WEIL, M. *Modelos de enseñanza*. Madrid: Iriarte, 1985.

LEMKE, J. L. *Talking science*: language, learning and values. New Jersey: Ablex, 1990.

LESNE, M. *Trabalho pedagógico e formação de adultos*. Lisboa: Fundação Gulbenkian, 1984.

MIALARET, G. *Pédagogie générale*. Paris: PUF, 1991.

MINDER, M. *Didáctica funcional*. Coimbra: Coimbra Editora, 1986.

MORAN, J. M.; MASETTO, M. T.; BEHRENS, M. A. *Novas tecnologias e mediação pedagógica*. Campinas: Papirus, 2000.

NOT, L. *Ensinar e fazer aprender*. Porto: Asa, 1991.

RONCA, A. C.; ESCOBAR, V. *Técnicas pedagógicas*. Petrópolis: Vozes, 1984.

SCHON, D. A. *Educating the reflective practitioner*: toward a new design for teaching and learning in the professions. San Francisco: Jossey-Bass, 1987.

SUTTON, C. *Words, science and learning*. Buckingham: Open University Press, 1992.

TORRES, C. A. *Democracy, education and multiculturalism*: dilemmas of citizenship in a global world. Maryland: Rowland and Littlefield, 1998.

ZEICNHER, K. M. *A formação reflexiva de professores*: idéias e práticas. Lisboa: Educa, 1993.

ÍNDICE

A

aluno, 10, 37, 38, 42,44, 49, 50, 51, 52, 53, 54, 55, 56, 57, 58, 66, 67, 68, 69, 71, 75, 76, 81, 83, 84, 85, 86, 87, 88, 89, 91, 92, 93, 98, 99, 100, 104, 105, 107, 108, 110, 111, 114, 115, 116, 117, 118, 119, 120
  -aluno, 54, 102
  como sujeito de aprendizagem, 92, 103, 111
  médio, 8
  padrão, 9
  professor-aluno, 102, 54
aprendiz, 36, 37, 38, 41, 42, 46, 48, 53, 66, 80, 82, 85, 86, 87, 104
aprendizagem
  mecânica, 37, 49,
  por descoberta, 50, 51
  processos, 11, 38, 83, 85, 86, 88, 92, 95, 102, 103, 104
  receptiva, 51
  significativa, 51
  teorias sobre, 10
apropriação cognitiva, 107, 112, 113, 114
Arendt, Hannah, 62
associações, 37, 42, 43, 101
ativação, 47, 54
aula, 71, 79-105
  espaço, 87
  expositiva, 94
  universitária, 11, 88, 89, 92, 100, 103, 104, 105
Ausubel, David, 44, 48, 49, 50, 51
autoavaliação, 105
autonomia, 38, 116
  de governo, 29
  do aluno, 57, 108, 118
  do ensino superior, 29
  intelectual dos cidadãos, 116
  na aquisição de conhecimento, 84

autoridade
  conceito de, 10, 61, 62
  e o papel docente, 64-68
  legítima, 65, 68, 74
  no ensino superior, 61-76
autoritarismo, 64, 65, 66, 67, 69, 74
avaliação, 37, 57, 67,75, 80, 103, 104, 105
  espaço de, 105
  formas de, 9, 75
  processo de, 65, 84, 90, 104
  sistemas de, 29

B-C

Bruner, Jerome, 40, 43, 44, 51, 52, 53, 54
capacidade
  de agir, 107, 112, 114
  de apropriação, 107, 112
  de oferta, 28
  de reflexão, 84
  instalada, 27
cidadania, 30
  construção da, 9
  direitos de, 16
  política e, 89
classe social, 54, 62
competência, 70, 80
  constitucional, 22
  pedagógica, 83
  técnica, 68
complexidade, 35, 36, 40, 45, 107
comportamento, 39, 42, 47, 48, 57, 65
comunicação, 42, 85, 88, 90, 119
  efetiva, 11, 68
  pedagógica, 58
comunidade, 10, 11, 30, 58, 82
  construção, 11, 30

conhecimento, 7, 8, 37, 48, 53, 55, 56, 57, 58, 75, 80, 81, 83, 84, 94, 95, 96, 101, 112, 113, 114, 116, 119, 120
   construção, 94, 101
   declarativo, 48,
   dos resultados, 57, 73
   procedimental, 48
construção
   cognitiva, 39
   da percepção, 43
   do novo, 36
   pessoal, 41, 42
conteúdo, 49, 50, 66, 76, 79
   estruturas do, 43, 44
   igualitário e universalista, 31
   natureza do, 48
corpo
   de conhecimento, 10, 55, 57
   de saberes, 41, 49
cultura, 21, 22, 56, 85
   docente, 18, 28, 80, 83, 84

D

decisão, 10, 24, 44, 48, 76, 82, 98
descoberta, 50, 51, 53, 107
   atividades de, 107
   formulação, 57
   mecânica, 51, 53
   método, 117
desenvolvimento, 35, 36, 38
   da educação, 14
   da pessoa, 111
   do ensino superior, 21, 22-23, 24-25
   do país, 16, 17,
   econômico, 24
   estágio de, 56
   essência do, 30
   fatores de, 40
   habilidades, 81, 92, 97,99
   processo de, 39

diálogo, 10, 11, 65, 66, 67, 68, 69, 94, 105, 117
diferenças
   conceituais, 108
   culturais, 117, 120
   individuais, 56
disciplina, 48, 49, 52, 89, 90, 118
   autônoma, 57
   conteúdos da, 68, 80
   plano da, 96
   programação da, 75, 76
discurso
   do professor, 114, 116
   meritocrático, 16
   político, 17
docência
   autoridade, 61-76
   exercício da, 88
   universitária, 79, 105
docente, 10, 11, 35, 50, 66, 67, 68, 74, 75
   atividade, 19, 85
   carreira, 19,
   papel, 64, 74,
   progressistas, 21
   trabalho, 71, 72,
   universitário, 9, 10, 19, 22

E

educando, 67
ênfase
   na aprendizagem, 81, 82
   no ensino, 81
epistemologia
   da certeza, 118
   da curiosidade, 9, 118, 120

escola, 7, 9, 8, 41, 52, 66, 67, 69, 70, 71, 108, 116, 119
- como instituição, 41
- de ensino superior, 25, 30
- de massas, 8, 13
- para todos, 7, 8
- seletiva, 8
- superior integrada, 23
- tradicional, 65

estratégias, 42, 46
- apropriadas, 86, 90, 92
- cognitivas, 44, 47, 48
- de repressão, 67
- de valorização dos alunos, 9
- organizacionais e didáticas, 9

estrutura, 23, 38, 43, 46, 49, 51, 52, 54, 55, 56
- cognitiva, 39, 48, 51
- constituinte do mutismo, 67
- da matéria em estudo, 51
- da população, 15,
- de conhecimento de aprendiz, 53
- do conteúdo, 44, 58
- do saber, 58
- do sujeito, 44, 46, 58
- dualista, 23
- institucional, 22
- interior, 51
- profunda do raciocínio, 110

exploração, 54, 55
- de alternativas, 54, 55, 57
- dos elementos, 111
- sensorial, 100

F

formação
- continuada, 82, 83, 84, 85, 86
- de adultos, 108, 113
- de mão de obra, 24
- do capital humano, 24
- e produção do conhecimento, 7
- profissional, 83, 90, 108

Freire, Paulo, 61, 65, 67, 72, 74, 75, 109, 112, 113, 118

G-I

Giordan, André, 36, 42
Habermas, Jürgen, 30, 31, 114
habilidade de argumentação, 98
história, 9, 15, 35, 40, 64, 65
igualdade, 9, 22
indisciplina, 64, 67, 69, 70, 74, 107, 108
instrução, 41, 44, 55, 56
- efeitos de, 116
- método de, 118
- processo de, 57
- teoria de, 51, 54

integração, 44, 88, 90
- dos conhecimentos, 97
- europeia, 15, 17, 24
- social, 7, 8

L

leitura, 92, 93, 97, 108
Lesne, Marcel, 11, 107, 108, 109, 110, 111, 112, 113, 114, 115, 116, 118, 120
liberdade, 62, 65, 74, 75
limites, 20, 40, 65, 71, 74, 75
- conceito de, 71
- noção de, 70
- situações-, 67

M-N

Masetto, Marcos, 100, 104,
mediação pedagógica, 104, 119
memória, 41, 44, 45, 52
   declarativa, 47
   de curto prazo, 46, 47
   de longo prazo, 45, 46, 47
   de trabalho livre, 47
   procedimental, 47
   sensorial, 46
metodologia, 38, 80, 84, 108
Miller, George, 46,
modernização, 16, 17,
   e o ensino universitário, 18
   de cursos, 19
   do país, 20
   processo de, 24
Moran, Edgard, 100, 104,
motivação, 40, 41, 46, 54, 55, 86, 108
   intrínseca, 53
   recurso de, 97
modos de trabalho pedagógico (MTP), 11, 109
Mucchielli, Roger, 64
numerus clausus, 24
normalização
   da política educativa, 23
   de estruturas, de procedimentos, 28
   no campo educativo, 24
   programa de, 23
Novak, Joseph, 48, 49

O-P

orientação
   da turma, 117
   do professor, 74, 95, 102
   estratégica, 24
   normativa, 109
   pessoal, 109

participação
pedagogia, 73, 108, 112, 118
   da autonomia, 118
   democratizante, 114
   diferenciada, 108, 116,
   tradicionalista, 117
Piaget, Jean, 39, 40, 41, 43
plano
   da disciplina, 90
   plano de conjunto de desenvolvimento
   do ensino superior, 21
   plano de expansão
   e diversificação do ensino superior, 20
   de Educação Popular, 15
   de trabalho, 89, 90
   simbólico, 30
   social, 26
poder
   de representação, 55
   do Estado, 23
   hierárquico, 61
   político, 61
   revolucionário, 22
políticas públicas, 10, 15, 17, 28
procedimento de alternância, 112, 113
professor
   aluno, 102
   atividades do, 120
   atitude crítica do, 118
   discurso do, 114, 117
   esquema de pensamento do, 113
   orientação do, 102
   papel para o, 119
   parceria entre, 119
   virtudes do, 118
   tarefas do, 107, 114, 115

R

reforço, 37, 54, 57, 111
reforma
    do ensino técnico, 15, 22,
    do ensino secundário, 25
    educativa, 17
    universitária, 18
revolução, 16, 17
    de abril de 1974, 15, 16, 21,
    Conselho da, 22
    pós-, 23

S

sala de aula, 10, 11, 48, 51, 64, 65, 67,
68, 69, 74, 79, 86, 87, 88, 93, 96, 100,
103, 118
    conceito, 11, 87
Seixas, Ana Maria, 23
sequência, 54, 56-57, 91, 92, 93, 110
Skinner, Burrhus, 42
Stoer, Stephen, 21, 24
sujeito, 38, 40, 43, 44, 46, 50, 52, 54,
82, 110, 111, 119
    aprendiz, 46
    atividade mental do, 42, 43
    da aprendizagem, 92, 111
    de sua formação, 109, 111
    desenvolvimento do, 43
    estilo cognitivo do, 56
    estrutura do, 38, 43, 44, 46, 58
    mecanismos internos do, 47
    memória, 41
    modo de representação do, 53
    passivo, 46

T-W

tarefas
    da educação, 63
    do professor, 107, 115
    sociais, 22
tecnologia, uso da, 104
Teodoro, António, 18
Thorndike, Edward, 42
tradição
    autoritária, 65
    conceito de, 62
    gestaltista, 51
Veiga Simão, reforma, 16, 21
Watson, John, 42

Este livro foi composto em Chronicle Display.

O miolo foi impresso em Offset 75 g/m^2 e a capa em Cartão Supremo 250g/m^2,

pela gráfica Paym, para as editoras Mackenzie e Cortez, em outubro de 2012.